Orchideen

Orchideen

Haltung und Pflege leicht gemacht

Wilma und Brian Rittershausen

Fotos von Derek Cranch

Bassermann

ISBN 978-3-8094-2794-0

Die englische Originalausgabe ist unter dem Titel „Orchids for Every Home" erschienen.

Umschlaggestaltung: Atelier Versen, Bad Aibling
Übersetzung: Joachim Mayer
Redaktion: Thema Media GmbH & CoKG, Michaela V. Dietrich
Bildredaktion: Christine Vincent
Gestaltung: Bradbury and Williams
Herstellung: Sonja Storz

Satz: Thema media GmbH & CoKG, Thomas Piller
Druck: Polygraf print, Presov

Printed in Slovakia

Verlagsgruppe Random House FSC®-DEU-0100
Das für dieses Buch verwendete FSC-zertifizierte Papier *Profisilk* liefert Sappi, Alfeld.

122100107X817 2635 4453 6271

Vorwort

Als wir vor über 50 Jahren in die Fußstapfen unseres Vaters traten, konnten wir nicht ahnen, dass uns die berufliche Beschäftigung mit Orchideen einmal so großen Erfolg bescheren und sich Orchideen zu derart populären Zimmerpflanzen entwickeln würden. Moderne Methoden der Massenvermehrung und die mittlerweile rasch zunehmende Fülle an neuen, pflegeleichten Sorten – das alles hätten wir uns niemals träumen lassen.

Insbesondere die phänomenale Entwicklung der Phalaenopsis von einer Pflanze des temperierten Gewächshauses zum Fensterbrettfavoriten ist verblüffend. Vor 50 Jahren waren Orchideen teuer und blieben den stolzen Besitzern eines Glashauses vorbehalten. Mittlerweile kann sich tatsächlich jeder den Wunsch, diese wunderschönen und faszinierenden tropischen Pflanzen zu besitzen, sie zu hegen und zu pflegen, erfüllen.

In diesem als Einführung gedachten Buch stellen wir Ihnen nur jene Orchideen vor, die in warmen wie auch in kühlen Klimaregionen als Zimmerpflanzen zu großer Beliebtheit gelangt sind. Dabei haben wir eine Auswahl der attraktivsten Sorten getroffen, die bereits von Beginn an durch ihre Blütenpracht bezaubern. Nicht berücksichtigt wurden die noch zahlreicheren, aber weniger bekannten Formen, die unter der Bezeichnung Botanische Orchideen bekannt sind. Diese gehören eher in Sammlungen von Spezialisten oder aber an ihre Naturstandorte.

Die in diesem Buch vermittelten Informationen beruhen auf unseren eigenen Erfahrungen und sollen Liebhabern Basiswissen vermitteln und als Leitfaden dienen. Mit der Zeit wächst die Erfahrung, und mit zunehmendem Verständnis für diese bemerkenswerten Pflanzen werden Sie vielleicht Lust bekommen, noch tiefer in die wunderbare Welt der Orchideen einzutauchen.

Wir hoffen sehr, dass Sie dieses Buch inspirieren und Ihnen helfen wird, all Ihre Orchideenträume zu verwirklichen.

Wilma und Brian Rittershausen

Inhalt

Die Orchidee

Nie zuvor wurden Orchideen so zahlreich und preiswert angeboten. Obwohl kaum teurer als ein Strauß Schnittblumen oder eine gewöhnliche Topfpflanze, ist eine Orchidee viel wertvoller, da ihre Blüte länger anhält; bei guter Pflege bereitet sie ihrem Besitzer viele Jahre lang Freude. Die Naturstandorte der Orchideen liegen in verschiedenen Klimazonen. Manche stammen aus dem gemäßigten Klimabereich, andere aus den Tropen. Als Zimmerpflanzen haben sie daher unterschiedliche Ansprüche.

Orchidee

Eine Pflanze aus der Familie der *Orchidaceae*. Typisch sind Blüten mit ungewöhnlichen Formen und prächtigen Farben. Es gibt etwa 25000 wilde Arten in 1400 Gattungen. Weltweite Verbreitung.

Alles über die Orchidee

Über Jahrmillionen verbreiteten sich Orchideenarten in den tropischen Regenwäldern. Heutzutage zieren Abkömmlinge dieser Pflanzen als Hybriden aus Menschenhand in immer größerer Zahl und spektakulären Sorten unsere Häuser und Gärten.

Orchideen gehören zur großen Pflanzenfamilie der Orchideengewächse *(Orchidaceae)*. Sie unterscheiden sich von anderen Pflanzenfamilien dadurch, dass ihre Pollen in kleinen, wachsartigen Paketen verklebt sind, den Pollinien. So gehen keine Pollenkörner verloren, wenn Insekten die Blüten besuchen: Sie tragen die kompletten Pollenpakete zu anderen Orchideen und bestäuben sie damit.

Orchideen werden nach ihren botanischen Merkmalen in Gruppen unterteilt. Diese Gruppen, wie z. B. *Phalaenopsis* und *Miltoniopsis*, bezeichnet man als Gattungen. Jede Gattung umfasst verschiedene Arten, wie etwa *Phalaenopsis sanderiana* oder *Miltoniopsis vexillaria*. Hybriden werden durch Kreuzung verschiedener Arten gezüchtet. Durch Kreuzen von zwei oder mehr Gattungen können auch Gattungshybriden entstehen. Da sich Orchideen bereitwillig untereinander kreuzen, verfügen wir heute über eine Vielzahl von Hybriden.

WAS SAGT DER NAME?

Ob Sie eine Art oder eine Hybride vor sich haben, verrät oft das Etikett. Ist der Zusatz nach dem Gattungsnamen lateinisch und kleingeschrieben, handelt es sich um eine Art. *Pleione formosana* z. B. ist eine Art der *Pleione*, benannt nach ihrer Herkunft von der Insel Formosa. Hybriden dagegen haben nicht latinisierte, großgeschriebene Sortennamen wie *Pleione* 'Shantung'.

ODONTOGLOSSUM-TYP

PAPHIOPEDILUM

PHALAENOPSIS

WUCHSFORMEN

Epiphyten Orchideen, die im Regenwald auf Bäumen wachsen und sich an deren Ästen mit ihren Wurzeln festhalten

Lithophyten Bezeichnung für Orchideen, die sich an Gestein festhalten oder in Felsspalten wachsen

Terrestrische oder Erdorchideen Orchideen, die im Boden wurzeln; hauptsächlich in kühlerem Klima

Orchideenblüten

Blütenpflanzen lassen sich meist nach ihren Blütenformen klassifizieren. Orchideen zeigen ein einheitliches Muster: drei äußere Kelchblätter, zwei innere Kronblätter sowie ein drittes, zu einer Lippe umgestaltetes Blatt. Die Befruchtungsorgane liegen in der Mitte. Jede Orchidee variiert diesen Bauplan auf charakteristische Art und Weise. Bei Brassia z. B. sind alle Blütenabschnitte lang und dünn, während bei Miltoniopsis die Lippe den größten Teil der Blüte darstellt.

Miniaturform
Phalaenopsis

Streifig geadert
Phalaenopsis

Phragmipedium

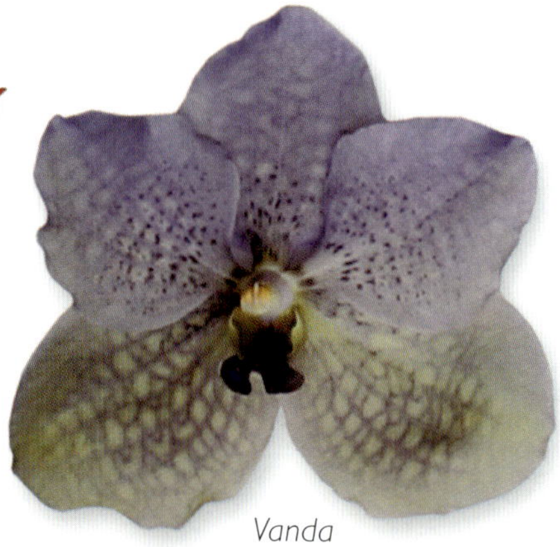

Vanda

Aufbau einer Orchideenblüte

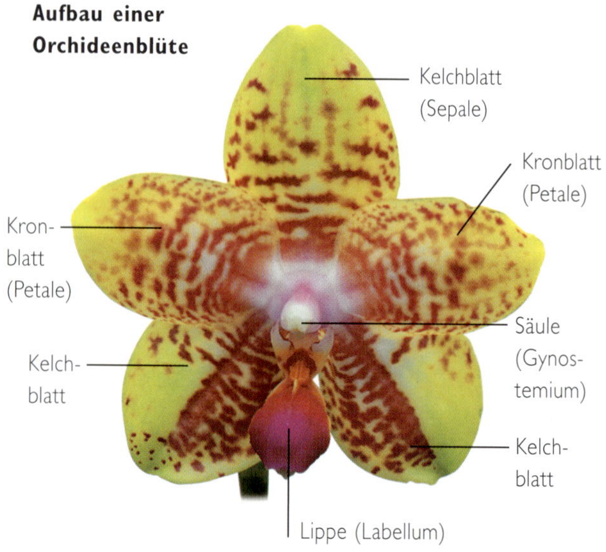

Cymbidium

Miltoniopsis

Zygopetalum

Brassia

Einfarbig
Odontoglossum

Nobile-Gruppe
Dendrobium

Oncidium

Gemustert
Odontoglossum

Phalaenopsis-Gruppe
Dendrobium

Orchideen im Haus

Orchideen gedeihen im Haus fast überall. Erfahren Sie alles über die Ansprüche Ihrer Orchideen. Wenn Sie diese erfüllen, werden Sie mit einer prachtvollen und anhaltenden Blüte belohnt.

ZU EMPFEHLEN:

✓ Halten Sie Orchideen von direkten Wärmequellen (wie Heizkörpern) oder Fernsehgeräten fern.

✓ Schützen Sie Orchideen vor kühler Zugluft durch geöffnete Fenster, wenn es draußen kalt ist.

✓ Erhöhen Sie die Luftfeuchtigkeit, indem Sie die Orchideen auf wassergefüllte Schalen stellen.

ZU VERMEIDEN:

✗ Orchideen haben unterschiedliche Bedürfnisse. Halten Sie nicht alle Pflanzen an ein und demselbem Platz.

✗ Setzen Sie die Blätter nicht der prallen Sonne aus. Stellen Sie die Pflanzen im Sommer hell, aber nicht besonnt.

✗ Versuchen Sie nicht, Orchideen in einer dunklen Zimmerecke zu halten.

Es ist einfacher, Orchideen im Haus zu halten als im Gewächshaus. In einem Gewächshaus müssen die Wuchsbedingungen für Orchideen geschaffen und erhalten werden, und es gibt viele Risiken, von Überhitzung im Sommer bis zu einem Heizungsausfall im Winter. Wenn allerdings alles reibungslos funktioniert, gedeihen die Pflanzen dort natürlich unter idealen Verhältnissen und damit optimal.

In der Wohnung dagegen wachsen Orchideen in einem gegebenen Umfeld auf, das auf Ihre Bedürfnisse abgestimmt wird. Die Wuchsbedingungen sind oft nicht perfekt. Dies schränkt die Auswahl an Orchideen, die Sie hier kultivieren können, ein wenig ein. Viele Pflanzen sind aber anpassungsfähig.

In einer Pflanzenvitrine oder einem Zimmergewächshaus lässt sich ein optimales Mikroklima schaffen. Permanent mit Wasser gefüllte Schalen sorgen für Luftfeuchtigkeit. Zusätzlich kann eine künstliche Beleuchtung angebracht werden. Gerade an schwach belichteten Standorten ist dies sehr vorteilhaft.

Der richtige Standort

Fast jeder Raum im Haus kann als Orchideenstandort dienen. Am besten eignen sich jene Zimmer, in denen Sie sich überwiegend aufhalten. In einem abgelegenen Gästezimmer untergebrachte Orchideen werden leicht vernachlässigt. Badezimmer scheiden aus, da die Temperaturen hier stark schwanken. Am besten wählen Sie ein Wohnzimmer oder eine Küche, wo die Temperaturen im Jahresdurchschnitt bei etwa 17 °C und nachts etwas tiefer als tagsüber liegen. Orchideen des kalten Klimabereichs wie Odontoglossum sollten etwas kühler stehen (im Winter bei einer Mindesttemperatur von 10 °C). Gattungen mit höheren Wärmeansprüchen wie Phalaenopsis brauchen eine gut 5 °C höhere Mindesttemperatur und vertragen eine Tagestemperatur von maximal 27 °C.

Für Luftfeuchtigkeit sorgen

Wählen Sie eine ausreichend große Stellfläche für eine flache Schale, die mit Wasser befüllt wird. Sie sollte größer sein als die Grundfläche der Töpfe, die Sie darauf platzieren möchten. Entsprechende Gefäße werden im Fachhandel als Fensterbankschalen angeboten, meist mit einem Kunststoff-Gitterrost als Einlage; denn die Orchideen dürfen keinesfalls mit den „Füßen" direkt im Wasser stehen. Sie können die Schale auch 2–3 cm hoch mit Blähton oder Kieseln befüllen, um die Töpfe darauf zu stellen. Gießen Sie dann nur so viel Wasser ein, dass es die halbe Höhe des Füllmaterials erreicht. Dieses wird ein- oder zweimal im Jahr gewechselt oder gründlich ausgewaschen. Ist das Pflanzgefäß groß genug, können Sie rund um die Orchideen kleine Pflanzen wie Minifarne setzen.

Licht und Schatten

Während des Sommers gedeihen die meisten Orchideen auch ohne längere direkte Sonneneinstrahlung. Im Winter können sie dagegen an einen sonnigeren Platz gerückt werden. Idealerweise genießen sie im Sommer Sonnenlicht nur am frühen Morgen und Spätnachmittag, im Winter dagegen fast ganztägig. Orchidee wie Phalaenopsis Paphiopedilum bevorzugen mehr Schatten.

Gießen und düngen

Halten Sie Orchideen in der Wachstumszeit gleichmäßig feucht. Lassen Sie sie nie völlig austrocknen oder stark vernässen. Gießen Sie im Sommer, wenn die Erde schneller trocknet, mehr und im Winter wesentlich weniger. Düngen Sie während der Wachstumszeit mit jeder zweiten oder dritten Wassergabe. Verwenden Sie möglichst speziellen Orchideendünger; eine Alternative ist ein guter, auf halbe Konzentration verdünnter Zimmerpflanzendünger. Überdüngung kann die Wurzeln schädigen.

Wachstums- und Ruhezeit

Erscheinen neue Blätter, befindet sich die Orchidee in der Wachstumsphase. Zeigen sich keinerlei derartige Anzeichen, ruht die Pflanze. Manche Orchideen pausieren kaum, während andere Ruhephasen von mehreren Wochen einlegen. In der Ruhezeit brauchen die Orchideen wenig Wasser. Wenn Sie trotzdem wässern, riskieren Sie faulende Wurzeln.

GIESSTIPPS

* Lassen Sie die Pflanzen in der Wachstumsphase nie austrocknen.
* Tauchen Sie den Topf in einen Wassereimer, bis keine Luftblasen mehr aufsteigen.
* Orchideen auf Rinde trocknen schnell aus. Bei Bedarf täglich in weiches Wasser tauchen.
* Gießen Sie mit einer Kanne ohne Brauseaufsatz nahe dem Topfrand.
* Das Wasser sollte stets Zimmertemperatur haben.
* Die Pflanzen nie im Wasser stehen lassen.

DAS RICHTIGE SUBSTRAT

Es gibt unterschiedliche Orchideensubstrate, doch dürfen sie alle keine Erde bzw. keinen Boden enthalten. Sie müssen einen schnellen Wasserabfluss gewährleisten und gut durchlüftet sein, damit die Wurzeln atmen können. Zu den häufigsten Substratbestandteilen gehören Kiefernrinde und Steinwolle.

Organische Substrate wie Kiefernrinde zersetzen sich und geben dabei Nährstoffe frei. Da die Teilchen aber kleiner werden, nimmt die

Belüftung ab und die Wasserspeicherung zu. Topfen Sie daher alle ein bis zwei Jahre in frisches Substrat um. Anorganische Substrate wie Steinwolle bleiben locker und wasserdurchlässig, bieten aber keine Nährstoffversorgung. Deshalb müssen Sie hier außerhalb der Ruhezeit regelmäßig Dünger einsetzen.

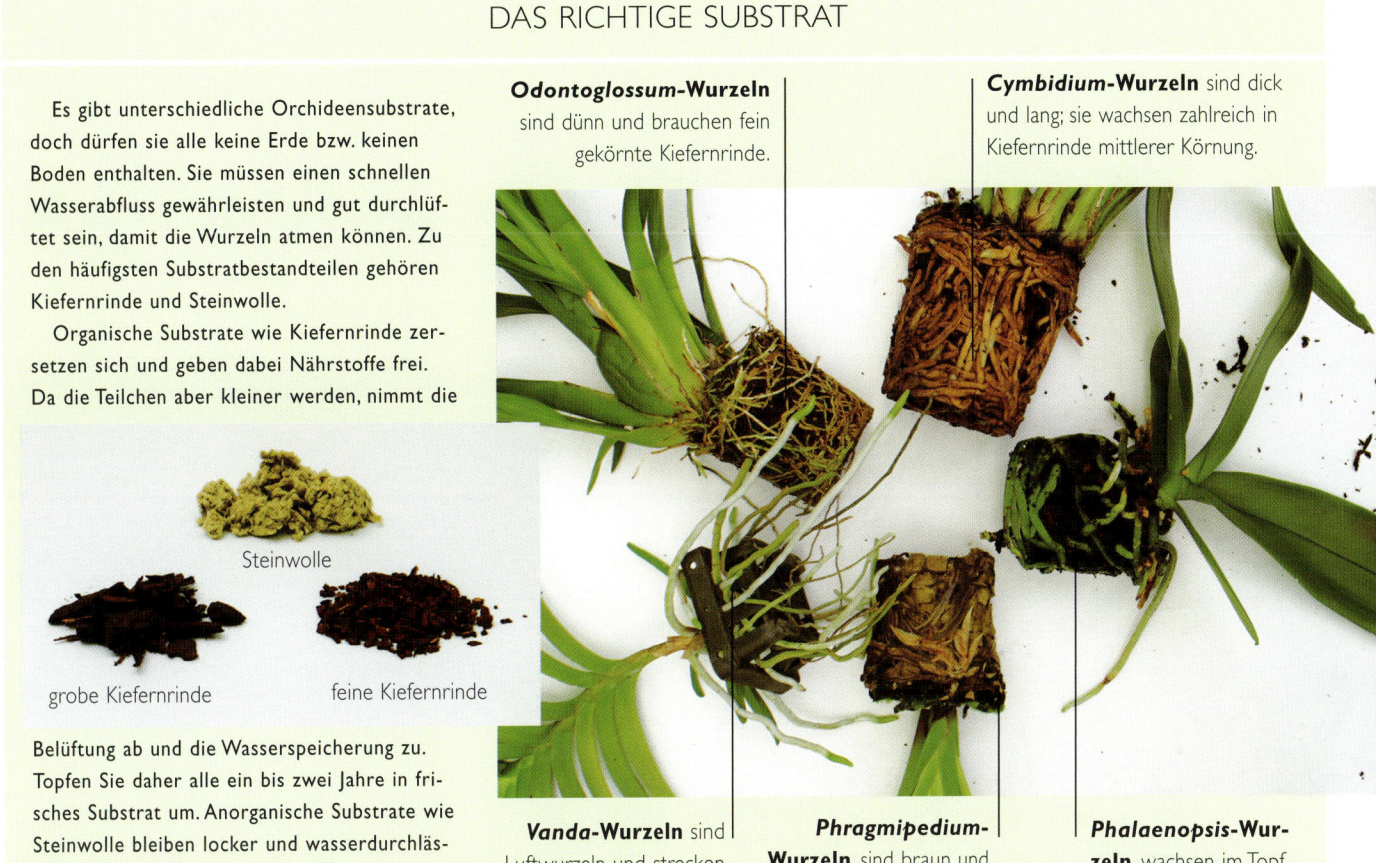

***Odontoglossum*-Wurzeln** sind dünn und brauchen fein gekörnte Kiefernrinde.

***Cymbidium*-Wurzeln** sind dick und lang; sie wachsen zahlreich in Kiefernrinde mittlerer Körnung.

***Vanda*-Wurzeln** sind Luftwurzeln und strecken sich seitlich aus dem Pflanzkorb. Sie brauchen nur etwas grobes Substrat.

***Phragmipedium*-Wurzeln** sind braun und haarig. Sie entwickeln sich gut in Steinwollsubstraten.

***Phalaenopsis*-Wurzeln** wachsen im Topf sowie außerhalb und brauchen Kiefernrinde mittlerer Körnung.

Orchideen kaufen

Orchideen werden in vielen Geschäften angeboten – von Gartencentern bis hin zu Supermärkten. Kaufen Sie Ihre Orchideen, sobald sie im Handel erscheinen. Kommen sie frisch aus dem Vermehrungsbetrieb, wird die Blüte lange anhalten.

Voll entfaltete Blüten ohne begleitende Knospen lassen darauf schließen, dass der Flor schon kurz vor dem Ende steht.

Die Auswahl der ersten Orchidee kann ein aufregendes Erlebnis sein. Je mehr Sie sich umschauen, desto mehr wird Ihnen die gewaltige Angebotsfülle bewusst werden. Die Orchidee wurde ursprünglich entweder aus Samen angezogen oder entstammt der Gewebekultur. Bei dieser Methode werden den Mutterpflanzen einige wenige Zellen entnommen, aus denen in Laboren ganze Jungpflanzen heranwachsen.

Orchideen aus Meristemkultur

Früher zog ein Gärtner seine eigenen Pflanzen heran, pflegte sie durch alle Entwicklungsstadien und verkaufte sie direkt an seine Kunden. Heute sieht das ganz anders aus. In dem als Meristemkultur bezeichneten Verfahren können Orchideen in bisher beispielloser Zahl massenvermehrt und in riesigen Betrieben herangezogen werden. Dabei wird von Pflanzen der besten Sorten teilungsfähiges Zellgewebe (Meristem) aus den Wachstumszonen entnommen und im Labor kultiviert. Große Labore produzieren so jedes Jahr Millionen von Pflanzen.

Die noch kleinen Pflanzen werden an einen Anzuchtbetrieb verkauft, der sie bis fast zur Blütengröße bringt. Dann gehen sie an eine weitere Gärtnerei, wo sie bis zur Blüte kultiviert werden, und gelangen schließlich in den Endhandel. Bis sie ein Geschäft in Ihrer Nähe erreichen, haben die Pflanzen möglicherweise den halben Erdball umrundet.

Orchideen überall

Orchideen werden vielerorts angeboten: in Supermärkten ebenso wie in Gartencentern. Die mitgelieferte Pflegeanleitung ist in jedem Fall meist spär-

NACH SORTENNAMEN KAUFEN?

Dieses Buch gibt die kompletten Namen abgebildeter Orchideen an, doch beim Kauf werden Sie feststellen, dass viele Pflanzen höchstens mit dem Gattungsnamen ausgezeichnet sind. Nach Erfahrungen des Einzelhandels sind den meisten Leuten genauere Namen unwichtig – sie wollen einfach eine rosa, weiße oder gelbe Orchidee. In spezialisierten Gärtnereien werden Sortennamen ausgewiesen. Wenn Sie gezielt nach einer Sorte suchen, kann es allerdings passieren, dass sie gar nicht mehr erhältlich ist.

Alljährlich bringen die Züchter neue Sorten auf den Markt, ständig bemüht um noch bessere, länger und farbenprächtiger blühende Pflanzen, die schließlich ältere Sorten verdrängen. So bleibt dann eine Sorte wie etwa die *Phalaenopsis* 'Golden Hat' höchstens ein paar Jahre im Angebot, um dann von einer Neuzüchtung abgelöst zu werden. Gute Verkäufer können Ihnen aber helfen, unter den neuen Hybriden diejenige zu finden, die Ihrer ursprünglich gewünschten Sorte am nächsten kommt.

lich. Auf der beigefügten Karte stehen gewöhnlich nur der Gattungsname (z. B. *Phalaenopsis*), darunter kurze Hinweise zur Temperatur und zum Gießen.

Beim Kauf in einem spezialisierten Orchideenbetrieb kann Sie ein erfahrener Gärtner mit zusätzlichen Informationen zu Düngung, Licht- und Temperaturansprüchen unterstützen. Wenn es bei Ihnen in der Nähe keine entsprechende Gärtnerei gibt, können Sie es auch mit dem Internet versuchen. Dort finden sich Versandgärtnereien, die Orchideen fachgerecht verpackt verschicken. Vielerorts gibt es darüber hinaus Vereine von Orchideenfreunden oder Regionalgruppen der Orchideengesellschaften, die häufig auch eine Website haben. Meist helfen diese Liebhaber einem begeisterten Einsteiger gern weiter.

Orchideen auswählen

Die beliebteste Orchidee der letzten Jahrzehnte war zweifellos Phalaenopsis, und sie wird in absehbarer Zukunft höchstwahrscheinlich in vielen Ländern auch die Nummer eins unter den Zimmerpflanzen bleiben.

Die Orchideenvorstellungen in diesem Buch sind nach Popularität der Gattungen angeordnet, sodass wir mit Phalaenopsis beginnen. Sie ist gewöhnlich auch überall erhältlich. Ansonsten variiert das Orchideenangebot je nach Region, Klima und Jahreszeit. Stark saisonabhängige Orchideen werden zu verschiedenen Zeitpunkten angeboten – in der Regel dann, wenn bei ihnen die Blüte einsetzt.

Worauf man achten sollte

Die Pflanze verlässt den Anzuchtbetrieb normalerweise gesund und kräftig; doch wenn danach Pflege und Standort nicht stimmen, können die Knospen beim Verkauf gelb und vertrocknet sein und bald abfallen. Solche Pflanzen sollte man meiden. Untersuchen Sie auch die Blätter und andere Pflanzenteile sorgfältig (siehe Abbildung unten).

Fragen Sie beim Kauf auch nach Pflegeanleitungen. Schon ein kurzer Merkzettel kann hilfreich sein.

Lang währende Schönheit

Aufgrund ihrer leichteren Verfügbarkeit werden Orchideen inzwischen immer häufiger nur für eine Blühperiode gekauft und danach weggeworfen. Das ist Verschwendung, denn eine Orchidee kann sehr lange leben. Bei richtiger Pflege und Zuwendung wird sie immer wieder aufs Neue aufblühen und über Jahre hinweg viel Freude bereiten.

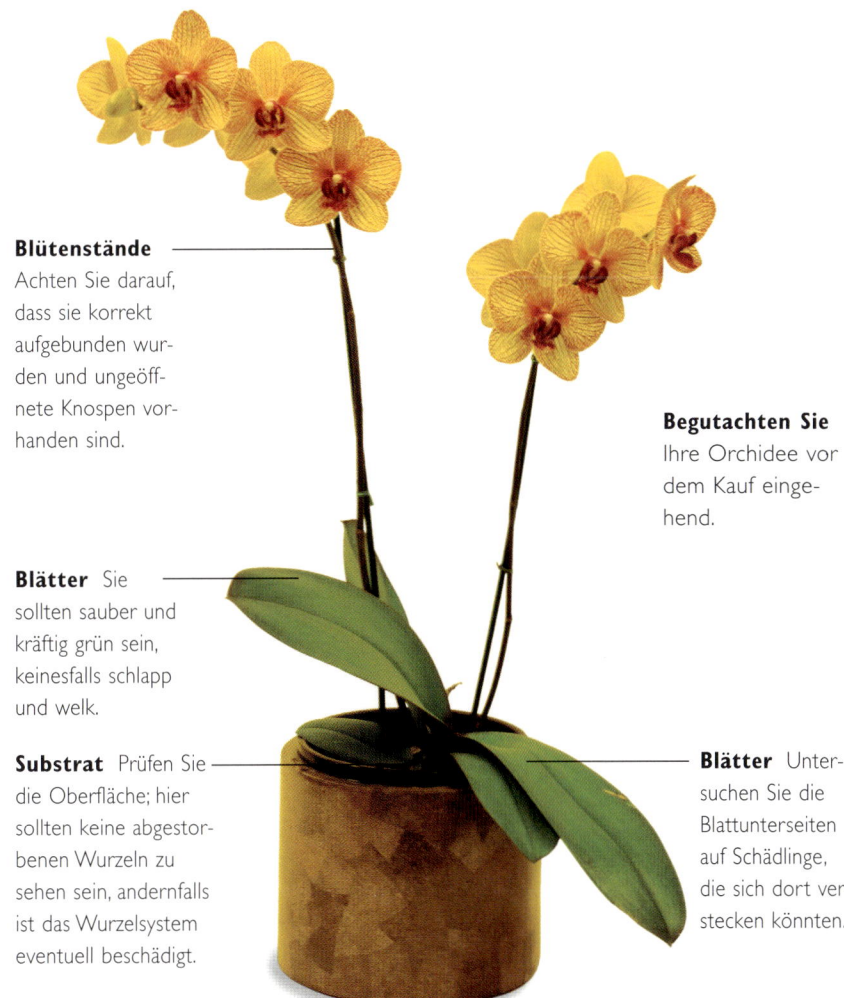

Blütenstände Achten Sie darauf, dass sie korrekt aufgebunden wurden und ungeöffnete Knospen vorhanden sind.

Blätter Sie sollten sauber und kräftig grün sein, keinesfalls schlapp und welk.

Substrat Prüfen Sie die Oberfläche; hier sollten keine abgestorbenen Wurzeln zu sehen sein, andernfalls ist das Wurzelsystem eventuell beschädigt.

Begutachten Sie Ihre Orchidee vor dem Kauf eingehend.

Blätter Untersuchen Sie die Blattunterseiten auf Schädlinge, die sich dort verstecken könnten.

Phalaenopsis

Die beliebte und anmutige Phalaenopsis lässt sich fast überall als Zimmerpflanze halten. Da sie klimatisch anpassungsfähig und tolerant ist, nimmt sie konkurrenzlos den ersten Platz unter den Orchideen ein. Die Blüten haben breite, flache Kronblätter, die die Kelchblätter überlappen, dazwischen liegt eine kleine, hübsche Lippe. Die Farben variieren von reinem Weiß mit gelber oder roter Lippe über Buttergelb bis zu leuchtendem Rosa; seit kurzem bereichert Violett das Spektrum. Die Kronblätter sind einfarbig oder schmücken sich mit andersfarbigen Punkten oder Streifen, die Lippen sind immer deutlich gefärbt.

Phalaenopsis (Fal-en-op-sis)

Deutscher Name: Malaienblume, Nachtfalterorchidee. Der botanische Name leitet sich vom griechischen Wort für „Nachtfalter“ ab. Die Gattung wurde im Jahr 1825 benannt. Etwa 46 Arten, hauptsächlich auf den Philippinen und in Indonesien.

Alles über Phalaenopsis

Phalaenopsis blühen zum ersten Mal, wenn sie vier bis fünf Jahre alt sind. Danach können sie jährlich zwei- oder dreimal Blüten ausbilden. Die Knospen öffnen sich von unten nach oben, und der Flor kann über Monate anhalten.

Phalaenopsis vertragen für kurze Zeit zerstreutes Sonnenlicht, aber keinesfalls pralle Sonne.

Phalaenopsis wachsen kompakt, mit einigen rundlich ovalen Blättern, die in Links-Rechts-Anordnung einem zentralen Rhizom oder unterirdischen Stamm entspringen. Die mittel- bis dunkelgrünen Blätter sind recht steif, sodass sie bei grober Behandlung brechen. Die Pflanzen können viele Jahre leben und fortwährend neue Blätter austreiben, wobei sie regelmäßig die ältesten von der Basis her abstoßen. Aufgrund dessen behalten sie während ihrer gesamten Lebenszeit etwa dieselbe Größe.

Rund um die Pflanzenbasis erscheinen die dicken, silbrigen Luftwurzeln, die sich von denen im Topf unterscheiden und im aktiven Stadium grüne Spitzen zeigen. Die heranwachsenden Wurzeln überziehen sich mit einem silbrig weißen, Feuchtigkeit aufnehmenden Belag. Sie sollten diese Wurzeln bei jedem Gießen daher leicht besprühen. Vorsicht: die Luftwurzeln sind sehr brüchig und nehmen leicht Schaden.

Beim genauen Betrachten sehen Sie die Blütenstandsanlage am Grund der Pflanze in einer Blattachsel. Anfangs erscheint sie als kleiner grüner Knopf, ähnlich einer jungen Wurzel. Mit zunehmender Entfaltung wird sie besser erkennbar, bald zeigen sich an der Spitze die Knospen. Im Lauf der folgenden Wochen schwellen die Knospen auf Endgröße an, um sich dann einzeln oder paarweise zu öffnen, bis schließlich der ganze Stand erblüht ist.

AM NATURSTANDORT

Die heutigen prächtigen Hybriden wurden über viele Generationen aus natürlich vorkommenden Arten entwickelt. Diese entstammen dem feuchten tropischen Dschungel der Philippinen, Borneos und Indonesiens. Dort wachsen sie auf den Ästen von Waldbäumen – eine ideale Lebensform im warmen Klima. Abgesehen von den wechselnden Regenmengen gibt es kaum Jahreszeitenunterschiede, und durch das Blätterdach vor greller Sonne geschützt, gedeihen die Phalaenopsis in völliger Harmonie mit ihrer Umgebung.

Ihre langen Blütenstände hängen von den Ästen herab, und die Blüten flimmern in der Luft, wie im Wind tanzende Nachtfalter. Genau dieses Bild bot sich auch den ersten Orchideensammlern – so entstand der Name Nachtfalterorchidee.

Hoch oben in den Bäumen wachsen Phalaenopsis in feucht warmer Luft, wie hier in einem Naturschutzgebiet im Osten Thailands.

NÜTZLICHE TIPPS

STANDORT
In einem warmen Raum; nicht in direkter Sonne

IM FREIEN?
Stellen Sie Orchideen nicht nach draußen; auch nicht im Sommer.

PFLEGE
Ganzjährig gießen, aber nicht vernässen

UMTOPFEN
Alle paar Jahre nach der Blüte umtopfen, mitten im Winter jedoch ungestört lassen

GRÖSSE
Erwachsene Pflanzen haben eine Höhe von bis zu 110 cm, ihre Blüten einen Durchmesser von bis zu 7 cm .

Phalaenopsis pflegen

Phalaenopsis gedeihen gut, wenn Sie für Wärme sowie gleichmäßige Feuchtigkeit sorgen und sie keinem direkten Sonnenlicht aussetzen.

Gesunde Phalaenopsis haben straffe, halb aufrecht stehende Blätter. Werden sie weich oder runzelig, liegt das oft an zu starkem Gießen, denn in wassergesättigtem Substrat sterben die Wurzeln ab. Dann können sie die Blätter nicht mehr mit Wasser versorgen, sodass diese welken. Dasselbe geschieht bei mangelhaftem Gießen, wenn die Wurzeln nicht genügend Feuchtigkeit im Topf finden. Bei Vernässung lässt sich die Pflanze höchstens durch sofortiges Umtopfen retten. Falls sie blüht, schneiden Sie die Blütenstände ab; in einer mit Wasser gefüllten Vase halten sie sich noch eine Weile. Bis sich neue Wurzeln bilden können mehrere Wochen vergehen. Übersprühen Sie die Blätter in dieser Zeit öfter, um weiteren Feuchtigkeitsverlust zu vermeiden, gießen Sie aber nicht.

Bei zu trocken gehaltenen Pflanzen stellen Sie zunächst den Topf fast bis zum Rand bis zu fünf Minuten in eine Wanne mit Wasser. Dabei darf das Herz der Pflanze nicht unter Wasser stehen, sonst droht Fäulnis an der Basis. Eine jahrelange Blühpause wäre die Folge.

Phalaenopsis tolerieren ein weites Temperaturspektrum – bis zu 27 °C im Sommer und in Winternächten einen Wärmeabfall auf 18 °C. Bei noch stärkeren Extremen leiden sie allerdings unter Hitze- bzw. Kältestress. Pflanzen, die starker Kälte ausgesetzt waren, haben schlaffe, halb durchsichtige Blätter. Überhitzung äußert sich in welken Blättern. An einem Standort mit geeigneteren Temperaturen können sie sich wieder erholen.

Setzen Sie Phalaenopsis nie der prallen Sonne aus, das kann zu Verbrennungen führen, die sich als hässliche dunkle Blattflecken zeigen. Diese bleiben auch nach dem Umstellen an einen besseren Platz erhalten, werden sich dann aber nicht mehr verschlimmern.

Wischen Sie die Blätter behutsam mit einem feuchten Tuch ab, um Staub zu entfernen.

Knospenabwurf

Wo die Verhältnisse nicht ganz stimmen, kommt es häufig vor, dass sich die Knospen gelb verfärben und abfallen, wenn sie sich gerade zu öffnen beginnen. Dies geschieht vor allem in den Wintermonaten, wenn es an Licht mangelt oder feuchtkühl ist. Oft reicht schon das Umstellen an einen geeigneteren Standort, um weiteren Abwurf zu verhindern. Schneiden Sie den Blütenstand bis zu einem tiefer liegenden Knoten zurück. Die nächsten Knospen entwickeln sich in der Regel normal. Zeigt die Pflanze jedoch auch nach einigen Wochen am neuen Platz keine Besserung, müssen Sie andere Ursachen prüfen. Eventuell mangelt es der Pflanze an Feuchtigkeit im Topf oder in der umgebenden Luft. Als zarteste Pflanzenteile reagieren die Knospen am empfindlichsten auf Umweltbedingungen.

Neue Blütenstände fördern

Wenn die Blüten ihre beste Zeit hinter sich haben, werden sie papierartig und fallen schließlich ab. Phalaenopsis bietet jedoch die Möglichkeit eines

„Nachschlags". Entlang der Blütenstände finden sich mehrere Knoten (Augen), die von einer blattartigen Scheide bedeckt sind. Durch Wegschneiden des oberen Teils des Blütenstands zwischen zwei Knoten regen Sie den Austrieb eines neuen Blütenstands an. Nachdem Sie sich an diesem zweiten Flor erfreut haben, schneiden Sie den gesamten Blütenstand bis auf etwa 2,5 cm über der Basis zurück. So wird die Pflanze bald einen neuen Blütenstiel hervorbringen. In der Zwischenzeit wird Ihre Phalaenopsis eventuell auch ein neues Blatt entfalten – ein sicheres Anzeichen für eine gesunde Pflanze.

Phalaenopsis sind keine Saisonpflanzen. Sie können jederzeit blühen und sorgen oft für zwei bis drei Blütenstände pro Jahr. Eine ältere, ausgereifte Pflanze vermag so über mehrere Jahre nahezu pausenlos zu blühen.

Hat der Blütenstand eine Länge von 15 cm erreicht, wird ein Bambussplitstab nahe daneben in das Substrat gesteckt. Binden Sie den Stiel kurz unter den Knospen daran an; so kann der Blütenstand natürlich überhängen.

ZU EMPFEHLEN:

✓ Ganzjährig gießen, bei jeder zweiten oder dritten Wassergabe düngen

✓ Nicht besonnter Platz an einem Nordfenster oder im Innern des Zimmers

✓ Gelegentlich umtopfen, um verbrauchtes Substrat zu ersetzen

✓ Binden Sie den Blütenstand an einen Stützstab, sodass die schweren Blüten nicht den Stiel herabbiegen.

ZU VERMEIDEN:

✗ Nicht der prallen Sonne aussetzen

✗ Besprühen Sie die Blätter nicht zu stark; Wasseransammlungen können Fäulnis verursachen.

✗ Die Zimmertemperatur sollte in Winternächten nicht unter 18 °C sinken.

✗ Vermeiden Sie Temperaturen über 27 °C.

✗ Die Pflanze beim Umtopfen nicht teilen

WOLLLÄUSE

Die häufigsten Schädlinge an Phalaenopsis sind Wollläuse (siehe S. 180). Sie treten an allen Pflanzenteilen auf und verstecken sich häufig unter den Blättern oder am Topfrand. Untersuchen Sie die Pflanzen bei Verdacht täglich. Wollläuse schädigen die Pflanzen, indem sie Saft aus den Blättern saugen, was zu weiteren Infektionen führen kann. Am einfachsten lassen sie sich bekämpfen, indem man sie einzeln mit einem in Alkohol getauchten Wattestäbchen oder Pinsel betupft. Dann sterben sie sofort ab.

Phalaenopsis umtopfen

Von allen Orchideen ist Phalaenopsis die unkompliziertteste, was das Umtopfen anbelangt. In der Regel muss sie erstmals einige Jahre nach dem Kauf in einen neuen Topf gesetzt werden.

Sobald auf der Topfoberfläche mehrere tote Wurzeln sichtbar werden und sich das Substrat so verschlechtert hat, dass Sie einfach Ihren Finger hineinstecken können, sollten Sie Ihre Phalaenopsis umtopfen. Da diese Orchideengattung das ganze Jahr über wächst und häufig blüht, müssen Sie das Ende einer Blühphase abpassen. Vermeiden Sie das Umtopfen in den Wintermonaten, in denen nur wenig Licht zur Verfügung steht. Die Pflanze würde zu lange brauchen, um sich zu erholen und das Wachstum wieder aufzunehmen. Die meisten Pflanzen können in einen Topf derselben Größe umgesetzt werden oder in einen, der nur wenig größer ist als der vorherige. Ein zu großer Topf verführt häufig zu übermäßigen Wassergaben – mit schlimmen Folgen. Eine frisch umgetopfte Pflanze muss seltener gegossen werden als eine bereits gut eingewachsene. Beim Umtopfen verwenden Sie am besten alte Zeitungen als Arbeitsunterlage.

Phalaenopsis bilden selten Ableger. Nur gelegentlich entwickeln sich an reifen Blütenständen sogenannte Kindel, die anstelle der Blüten als kleine Pflänzchen wachsen. Lassen Sie diese stehen. Sobald sie eigene Wurzeln ausgebildet haben, werden sie abgeschnitten und separat eingetopft.

UMTOPFEN EINER PHALAENOPSIS

Sie brauchen:

- Substrat, natürliches (Kiefernrinde mittlerer Körnung) oder anorganisches (Steinwolle)
- alte Zeitungen
- Messer oder Gartenschere
- Blähton als Dränage
- einen neuen Topf
- Handschuhe und Atemschutzmaske bei Verwendung von Steinwollsubstrat

1

Ein Umtopfen ist erforderlich, wenn sich an der Substratoberfläche trockene, tote Wurzeln zeigen – meist ein Hinweis auf weitere abgestorbene Wurzeln im unteren Bereich. Zudem ist das Wachstum neuer Wurzeln gehemmt.

Nehmen Sie die Pflanze aus dem Topf, schütteln Sie das alte Substrat ab, und entfernen Sie vorsichtig Reste zwischen den Wurzeln.

2

Sorgen Sie für ausreichende Luftfeuchtigkeit, indem Sie die Pflanzen in eine Schale mit Kieselsteinen stellen. Füllen Sie soviel Wasser ein, dass die Kiesel nahezu davon bedeckt sind.

3

Schneiden Sie tote Wurzeln mit der Gartenschere oder einem scharfen Cuttermesser weg, und kürzen Sie lebende Wurzeln ein.

Setzen Sie die Phalaenopsis in der Mitte des Topfs ein, mit den Luftwurzeln über der Substratoberfläche. Füllen Sie Substrat rund um die Pflanze ein, sodass sie aufrecht steht.

4

5

Eine gut getopfte Pflanze wird bald weiterwachsen – mit neuen Blättern und Wurzeln und einem Blütenstand mit mehreren Knospen.

◀ *Phalaenopsis* Brother Wild Thing

Die Grundfarbe der Blüten ist Weiß, überlagert von einem Muster aus tiefrosa Punkten. Auch die Lippe ist rosa. Heute werden rund um die Welt hübsche Phalaenopsis gezüchtet. Diese Sorte aus Taiwan repräsentiert eine neue Generation gemusterter Blüten.

Phalaenopsis Hawaiian Darling ▲

Ein zarter Hauch von Rosa überzieht die weißen Blüten dieser Orchidee; die kirschrote Lippe bildet einen auffälligen Kontrast. Die leicht überhängenden Blütenstände sind in der Wohnung wie im Büro sehr dekorativ, und die Blüten bleiben über Monate schön.

Phalaenopsis Sonata spots ▶

Faszinierend sind die unregelmäßig angeordneten karmesinroten Flecken, die den weißen Hintergrund übertupfen. Das orange-rote Muster der Lippe ist auch als „Leopardenlippe" bekannt. Reife Pflanzen bilden oft verzweigte Blütenstände, ein Erbe der Art, aus der diese Hybride gezüchtet wurde. Auch diese Sorte stammt aus Taiwan.

Phalaenopsis Purple valley ▼

Dies ist eine bemerkenswerte Sorte in kräftigem Rosa mit tiefroter Lippe. Dunkle Farben wie diese hat die Art nicht zu bieten, sie sind vielmehr das Ergebnis züchterischer Selektion. Nach Weiß gehört dieser Ton zu den beliebtesten Farben.

NÜTZLICHE TIPPS

STANDORT
In einem warmen Raum; kein direktes Sonnenlicht

IM FREIEN?
Nicht nach draußen stellen, auch nicht im Sommer

PFLEGE
Ganzjährig gießen, aber nicht vernässen

UMTOPFEN
Alle paar Jahre nach der Blüte umtopfen, an den kürzesten Wintertagen jedoch ungestört lassen

GRÖSSE
Erwachsene Pflanzen erreichen eine Höhe von etwa 25 cm, die Blüten einen Durchmesser von mindestens 7 cm.

◀ *Phalaenopsis* Miva re Chopin

Die attraktiven pfirsichrosa Kronblätter dieser Orchidee sind mit Streifen und Adern gemustert, die große Lippe ist rötlich braun und goldgelb. Diese französische Hybride repräsentiert eine Züchtungslinie von sogenannten Kaffeetisch-Orchideen, die sich mit ihrem kompakten Wuchs und einer ungewöhnlichen Färbung als Tischdekoration ausgezeichnet eignen.

Phalaenopsis Barbara Moler x *P. mannii* ▶

Diese Orchidee ist eine neuere Kreuzung unter Einbeziehung der Art *Phalaenopsis mannii.* Diese steuert die rotgelben, recht spitzen Kron- und Kelchblätter bei. Auf diese Weise erhält die Pflanze einen ganz eigenen Charakter. Ihre Blütenform unterscheidet sie von den rundlicheren Umrissen, die man üblicherweise von Phalaenopsis-Blüten kennt. Diese sind das Ergebnis mehrer Kreuzungsgenerationen, die sich von den Ausgangsarten entfernt haben.

◀ *Phalaenopsis* Happy Girl

Die meisten Phalaenopsis haben unterschiedlich gefärbte Lippen und Kelchblätter. Die Lippen können gelb, orange oder rosa sein, doch die markantesten Kombinationen ergeben sich mit Kirschrot. Bei dieser Kreuzung bilden kirschrote Lippen einen eindrucksvollen Kontrast zu strahlend weißen Kronblättern. Wie alle weißen Phalaenopsis besticht auch diese durch lang haltende Blüten.

Phalaenopsis Petite Snow ▶

Die verzweigten Blütenstände dieser kompakten Pflanze bringen viele kleine rosa Blüten mit braunrot-goldgelber Lippe hervor. Die vorherrschende Art ist *Phalaenopsis equestris.* Als man sie mit weiß-, rosa- und gelbblühenden Formen kreuzte, entstand eine ganze Palette neuer Mini-Phalaenopsis.

Phalaenopsis Danielle ▶

Diese zitronengelbe Orchidee zeigt zarte rote Streifen auf den Kron- und Kelchblättern. Die Lippe erscheint in einem dunkleren Rot, mit goldgelber Zeichnung. Nach dem Öffnen der Blüte wirkt die Farbe intensiv, wird dann aber allmählich blasser. Sie hält länger, wenn die Pflanze nicht allzu starkem Licht ausgesetzt wird.

Phalaenopsis Dragon's Charm ▲

Eine schöne, nicht verblassende chromgelbe Blüte, leicht gespickt mit Rot, und eine goldgelb-rote Lippe zeichnen diese Orchidee aus. Noch vor einigen Jahren gab es kaum solch hochqualitative gelbe Sorten, doch die moderne Züchtung war außerordentlich erfolgreich. Derzeit ist die Anzahl der Blüten pro Stand noch etwas begrenzt, doch die Züchter arbeiten an der Verbesserung.

◀ *Phalaenopsis* Falre spots

Die Kron- und Kelchblätter sind bei dieser Orchidee so intensiv mit tief karmesinroten Punkten gezeichnet, dass vom weißen Untergrund kaum noch etwas sichtbar ist. Die Lippe ist noch dunkler, mit rein weißer Säule in der Mitte. Diese schöne, ungewöhnliche Blüte gehört zu den neuesten Züchtungserfolgen.

Phalaenopsis Gojonat ▼

Die pastellig rosafarbenen Blüten haben eine dunkle Lippe, die Kronblattrückseiten sind oft in einem dunkleren Rosa getönt als die Vorderseiten. Die hochqualitative zartrosa Sorte entstand durch Kreuzung von rosa Orchideen mit großblütigen weißen mit roter Lippe.

NÜTZLICHE TIPPS

STANDORT
In einem warmen Raum; kein direktes Sonnenlicht

IM FREIEN?
Nicht nach draußen stellen, auch nicht im Sommer

PFLEGE
Ganzjährig gießen, aber nicht vernässen

UMTOPFEN
Alle paar Jahre nach der Blüte umtopfen, mitten im Winter jedoch ungestört lassen

GRÖSSE
Erwachsene Pflanzen erreichen eine Höhe von etwa 25 cm, die Blüten einen Durchmesser von mindestens 7 cm.

▼ *Phalaenopsis* Yellow Treasure

Beständig gelbe Kronblätter, zur Mitte hin rosa überhauchte Kelchblätter und eine zitronengelbe Lippe machen diese Orchidee bemerkenswert. Gelbe Sorten dieser Qualität sind bei Liebhabern ausgefallener Orchideen sehr gesucht. Die Blütenzahl ist begrenzt, doch die Pflanze kann mehrere Blütenstiele zur selben Zeit hervorbringen.

◀ *Phalaenopsis* Sweet memory

Die an ein Abendrot erinnernde, zu den Spitzen hin aufhellende Farbe der zierlichen Blüten entstammt denselben Züchtungslinien wie die gelben Sorten, wobei jedoch dunklere Nuancen selektiert wurden. Züchter bemühen sich um ein noch intensiveres Rot und mehr Blüten pro Stand.

Phalaenopsis Orchid World ▶

Dies ist eine hoch entwickelte Hybride aus den Ursprungsarten *Phalaenopsis amboinensis* und *Phalaenopsis violacea*. Über die Grundfarbe aus grünlichem Gelb zieht sich ein Muster aus braunroten Balken und Streifen, das sich vom Zentrum der Blüte wie ein Spinnennetz ausbreitet. Als Erbe der Kreuzungseltern hat diese Orchidee oft nur zwei oder drei geöffnete Blüten zur selben Zeit.

◀ *Phalaenopsis* Malibou mystere

Diese großen, rein weißen Blüten mit einem Hauch Goldgelb auf den Lippen erinnern in der Struktur an hochwertiges Kunstpapier. Alle weißen Sorten stammen ursprünglich von einer Art ab, von *Phalaenopsis amabilis*. Sie waren die ersten Hybridsorten und haben sich mittlerweile entsprechend weit von der Ausgangsart entfernt. Die Blüten sind größer und halten länger als die aller anderen Phalaenopsis.

Cymbidien

Cymbidien sind wahre Eyecatcher! Die attraktiv belaubten Pflanzen wachsen stattlich und haben üppige, wachsartige Blüten, bei denen Kron- bzw. Kelchblätter und Lippe gleich groß sind. Die atemberaubende Farbpalette umfasst nahezu alle Töne außer Blau. Die Blüten sind gewöhnlich einfarbig, gelegentlich finden sich auch Streifen oder Punkte. Die Lippe ist meist weiß, zu den Rändern hin mit verwegener Zeichnung in Gelb oder diversen Rotnuancen. Diese Farbkombination hat wunderschöne Kontraste zur Folge, etwa von frisch apfelgrünen oder kräftig gelben Kelch- und Kronblättern und einer leuchtend rot gerandeten Lippe. Aber auch reines Weiß sowie sattes Mahagonirot und Bronzetöne bieten einen bezaubernden Anblick.

Cymbidium (Züm-bi-di-um)

Deutscher Name: Kahnorchidee. Auch der botanische Name stammt von dem griechischen Wort für „kahnförmig“ und bezieht sich auf die Form der Lippe. Die Gattung wurde im Jahr 1799 benannt. Etwa 50 Arten in Indien und anderen Teilen Asiens.

Alles über Cymbidien

Seit mehr als 100 Jahren gehören Cymbidien zu den beliebtesten Orchideen. Zeitweise bestanden viele Liebhabersammlungen sogar ausschließlich aus zahlreichen unterschiedlichen, schönen Cymbidium-Hybriden.

In ihrer Heimat wachsen viele Cymbidien als Epiphyten hoch in den Baumwipfeln von Gebirgswäldern.

Viele Tausend *Cymbidium*-Hybriden wurden aus nur einer Handvoll Arten gezüchtet, die aus dem Himalaja stammen. Dort wachsen sie am Boden oder auf Bäumen, in Höhenlagen von Gebirgsregionen, wo die Nächte kühl sind und zu bestimmten Jahreszeiten Monsunwinde auftreten. In Kultur können sie auch in kühleren Gegenden gedeihen, wo die Temperaturen zwischen 10 und 30 °C variieren. Große Hitze vertragen Cymbidien schlecht; sie schwächt die Pflanzen und macht sie anfällig gegenüber Krankheiten.

Wuchs und Blüte

Cymbidien bilden rundliche, scheidenartig umhüllte Pseudobulben am Fuß der Pflanze. Neue Pseudobulben entspringen der Basis älterer Pseudobulben und wachsen etwa neun Monate lang heran, bis sie am Ende acht bis zehn Blätter austreiben.

Wenn eine neue Pseudobulbe heranreift, entwickelt sich an der Basis auch ein Blütenstand. Anfangs sieht er aus wie ein Blattneutrieb, doch innerhalb einiger Wochen ähnelt er einem dicken Bleistift. Der Neutrieb hingegen entfaltet bald seine Blätter. Gewöhnlich entspringen die Blütenstände den jüngsten Pseudobulben. Ältere Pseudobulben werfen ihre Blätter im Lauf von ein bis zwei Jahren ab, bis sie völlig unbeblättert sind. Danach leben sie noch einige Jahre und versorgen die jüngeren Pflanzenteile mit Nährstoffen. Schließlich sterben sie ab, werden braun und welk. Beim nächsten Umtopfen ist die beste Gelegenheit, sie zu entfernen.

Die Blütenstände können bis 100 cm hoch werden. An großen Pflanzen erscheinen pro Saison bis zu sechs Blütenstände, von denen jeder etwa ein Dutzend herrlicher Blüten mit bis zu jeweils 10 cm Durchmesser ausbildet. Die Einzelblüten bleiben sechs bis acht Wochen attraktiv. Die gesamte Blüte hingegen kann wesentlich länger andauern, wenn sich mehrere Blütenstände in Folge öffnen. Die einzelnen Pseudobulben treiben aber jeweils nur einmal einen Blütenstand aus.

Manche *Cymbidium*-Hybriden duften leicht, besonders solche mit grünen Blüten. Am intensivsten entfaltet sich ihr Duft an einem warmen, sonnigen Morgen.

CYMBIDIEN IM FREIEN

In Regionen mit sehr milden Wintern können Cymbidien ganzjährig draußen, in einem Beet mit lockerem Substrat, kultiviert werden. Hier haben sie die Möglichkeit, sich voll zu entwickeln und wirken besonders beeindruckend. Der Platz sollte halbschattig sein, ohne direkte Mittagssonne. Wichtig sind regelmäßiges Gießen und Übersprühen.

In kühleren Gegenden kann man Cymbidien während des Sommers nach draußen stellen und im Herbst wieder ins Haus holen. Die höhere Lichtzufuhr im Freien fördert die Blühfreude. Wenn die Pflanzen bei ganzjähriger Haltung drinnen zu wenig Licht bekommen, kann das die Blühfähigkeit beeinträchtigen.

NÜTZLICHE TIPPS

STANDORT
Kühler, heller Platz ohne Mittagssonne, an dem die Temperatur nachts auf 10–13 °C fällt und tagsüber nie 30 °C übersteigt..

IM FREIEN?
In mildem Klima kann sie ganzjährig draußen stehen, ansonsten nur im Sommer

PFLEGE
Ganzjährig gießen. Im Sommer bei jeder zweiten Wassergabe düngen, im Winter bei jeder dritten

UMTOPFEN
Alle zwei Jahre nach der Blüte

GRÖSSE
Erwachsene Pflanzen haben eine Höhe von bis 100 cm, ihre Blüten einen Durchmesser von bis zu 10 cm.

Cymbidien pflegen

Bei reichlich Licht und kühlen Nächten sowie einer ganzjährig konstanten Wasserversorgung gedeihen Cymbidien drinnen wie draußen.

Stützen Sie die Blütenstände mit einem Stab, damit der Stiel nicht unter der Last der Blüten bricht.

Kultivieren Sie Cymbidien an einem kühlen Platz, an dem gute Lichtverhältnisse herrschen und die Temperaturen nachts auf 10–13 °C fallen. Im Winter richtet auch ein gelegentliches Absinken knapp unter 10 °C keinen Schaden an. Während eines heißen Sommers steht die Pflanze am besten in einem kühlen, klimatisierten, hellen Raum.

Cymbidium-Hybriden wachsen die meiste Zeit des Jahres ohne ausgeprägte Ruhephase. Sie sollten ganzjährig gießen, damit die Pseudobulben prall bleiben. Halten Sie sie aber im Winter etwas trockener. Im Sommer wird bei jedem zweiten Gießen Flüssigdünger beigemischt, im Winter nur bei jeder dritten Wassergabe.

Diese Orchideen haben ein sehr kräftiges Wurzelsystem: Mit jedem neuem Austrieb bilden sich auch neue Wurzeln. Im Lauf der Zeit füllen die Wurzeln den gesamten Topf aus, sodass die Pflanze häufig über den Topfrand hinaus angehoben wird. Dies erschwert das Gießen, da der größte Teil des Wassers rasch durchläuft. Wenn die älteren Pseudobulben reifen und die Blätter abwerfen, sterben ihre Wurzeln ab.

Blütenstände und Blätter

Die Blütenstände erscheinen ab dem Frühsommer. Mit zunehmendem Wachstum brauchen sie eine Stütze, damit sie sich nicht biegen oder gar unter dem Gewicht der Blüten brechen. Stecken Sie einen Bambusstab in den Topf, möglichst nah neben dem Blütenstiel und weit entfernt vom Rand, wo

ZU EMPFEHLEN:

✓ Binden Sie den Blütenstand an, damit er nicht von den schweren Blüten herabgebogen wird.

✓ Gießen Sie regelmäßig rund ums Jahr. Düngen Sie im Sommer bei jeder zweiten Wassergabe, im Winter bei jeder dritten. Übersprühen Sie die Pflanzen.

✓ Wählen Sie draußen Halbschatten, drinnen einen kühlen, hellen Raum.

✓ Topfen Sie alle zwei Jahre nach der Blüte um.

✓ Teilen Sie die Pflanze beim Umtopfen, wenn sie zwei Stränge gebildet hat.

ZU VERMEIDEN:

✗ Nicht in praller Sonne halten

✗ Lassen Sie die Temperatur im Winternächten nicht unter 10 °C fallen.

✗ Vermeiden Sie Temperaturen über 30 °C.

sich die meisten Wurzeln befinden. Binden Sie den Stiel mit ein oder zwei lockeren Schleifen an.

Wenn sich der Blütenstand verlängert, zeigen sich kleine Knospen an der Spitze. Platzieren Sie die letzte Schleife unterhalb der Knospen, damit sich die Spitze frei entwickeln kann. Hat der Blütenstand sein Wachstum abgeschlossen, wird eventuell eine weitere Schleife zwischen den offenen Knospen erforderlich, um den Blütenstand aufrecht zu halten.

Wischen Sie die Blätter häufig mit einem feuchtem Tuch ab, damit sie staubfrei bleiben. Verwenden Sie keine Blattglanzmittel; sie könnten die Poren verkleben und den Gasaustausch behindern.

Die Blätter können mehrere Jahre leben und werden mit dem Alter teils brüchig, rissig oder fleckig. Schneiden Sie beschädigte Blätter und schwarze Spitzen weg. Ältere Blätter verfärben sich natürlicherweise gelb und können an der Pflanze belassen werden, bis sie abfallen.

Zu vorzeitigem Blattfall kommt es, wenn sich mehrere Blätter zur selben Zeit gelb verfärben. Die häufigsten Ursachen sind Kälte oder Übergießen. Wenn eine Pflanze ihr Laub zu einem großen Teil verliert, ist sie häufig nicht mehr zu retten; zumindest dauert es eine ganze Weile, bis sie sich wieder erholt.

Die häufigsten Schädlinge an Cymbidien sind rote Spinnmilben (siehe S. 180). Dabei handelt es sich um winzige, aber gefährliche Blattsauger. Untersuchen Sie mit einer Lupe die Unterseiten von Blättern, an denen silbrige Flecken auftreten. Diese werden später schwarz, oft verursacht durch zusätzliche Infektionen.

Um Spinnmilben aufzuspüren, können Sie die Blätter mit einem weißen Tuch abwischen. Auf weißem Hintergrund sind die winzigen hellorangen Tiere leichter zu erkennen.

Blühende Cymbidien wirken vor einer grünen Laubkulisse besonders prächtig.

Cymbidien umtopfen

Cymbidien müssen umgetopft werden, wenn die Wurzeln die Pflanze über die Topfoberfläche anheben oder die Haupt-Pseudobulbe den Rand überragt.

Cymbidien wachsen gesünder und blühen besser, wenn man sie jedes zweite Jahr umtopft. Andernfalls sammeln sich in der Mitte abgestorbene Teile an, und der Neuwuchs drängt sich am Topfrand oder schiebt sich darüber. Wer zu spät umtopft, muss sehr viel wegschneiden – ein Wachstumsschock kann die Folge sein. Es dauert dann möglicherweise einige Jahre, bis sich die Pflanze erholt hat und wieder blüht.

Am besten topft man um, nachdem alle Blüten verwelkt sind und der letzte Blütenstand zurückgeschnitten wurde. Beginnen Sie damit, sobald die ältesten Blüten welken, indem Sie den Blütenstand etwa 2,5 cm über der Basis wegschneiden und den Stützstab entfernen. Stellen Sie einige Tage vor dem Umtopfen das Gießen ein.

Entfernen Sie beim Umtopfen die abgestorbenen Wurzeln und alten Pseudobulben, und versorgen Sie die Pflanzen mit frischem Substrat für den Neustart. Der Topf sollte genügend Raum für zwei Jahre Wachstum bieten; normalerweise reicht eine Nummer größer als beim vorherigen. In einem zu großen Topf wird leicht zu viel gegossen, was zu Wurzelfäule führen kann.

Große Pflanzen teilen

Cymbidien können viele Jahre leben und werden dabei stets breiter. Deshalb sollten sie etwa alle vier Jahre geteilt werden. Zerteilen Sie die Pflanze so, dass jedes Teilstück mindestens vier Pseudobulben sowie einen Neuaustrieb aufweist. Kleinere Teilstücke blühen erst wieder, nachdem sie genügend neue Pseudobulben angelegt haben.

UMTOPFEN EINER CYMBIDIE

SIE BRAUCHEN:

- Substrat, natürliches (Kiefernrinde mittlerer Körnung) oder anorganisches (Steinwolle)
- alte Zeitungen
- Messer oder Gartenschere
- Blähton als Dränage auf dem Topfboden
- einen neuen Topf
- Handschuhe und Atemschutzmaske bei Verwendung von Steinwollsubstrat

1 Nehmen Sie die Pflanze aus dem Topf und prüfen Sie die Wurzeln. Alte Wurzeln sind braun, junge weiß.

4 Nach dem Wurzelschnitt sollte die Pflanze aussehen wie jene in der Abbildung links.

2

Teilen Sie den Wurzelstock, wenn die Pflanze so breit ist, dass sich zwei Teilstücke gewinnen lassen. Zertrennen Sie den Wurzelstock zwischen den Pseudobulben mit einem scharfen Messer.

3 Schneiden Sie trockene, tote Wurzeln heraus. Kürzen Sie die lebenden in allen Teilen auf etwa 15 cm ein.

3

5

Wählen Sie einen ausreichend großen Topf für zwei Wachstumsjahre. Füllen Sie Dränagematerial wie etwa Blähton ein.

6 Setzen Sie die Pflanze so ein, dass sich die Basis der Pseudobulben gerade unterhalb des Topfrands befindet. Der Haupttrieb sollte an der Substratoberfläche entspringen. Füllen Sie mit der anderen Hand das Substrat ein. Die nächsten paar Tage noch nicht gießen.

6

▼ *Cymbidium* Rossignol

Die klassische tiefrosa Färbung – eine Farbe für jede Saison – macht diese Orchidee zum Dauerbrenner. Rosafarbene Cymbidien wie diese finden sich während der gesamten Blütezeit der Gattung, vom Herbst bis zum Spätfrühling.

Cymbidium Cristow ▶

Das Eindrucksvolle an dieser Sorte zeigt sich deutlich am intensiven Rosa, das fast schon in Rot übergeht. Die Färbung bleibt selbst Wochen nach dem Öffnen der Blüten beständig. Die Lippe ist viel dunkler, im Vergleich fast schon schwarz. Schwere Blütenstände wie diese brauchen eine Stütze, damit sie unter dem eigenen Gewicht nicht abbrechen.

▼ *Cymbidium* Summer Pearl

Diese entzückende Miniatursorte blüht im Sommer – dank der Leistung des Züchters. Das elfenbeinähnliche Weiß der Blüten wird gegen Ende etwas trüber. Die schmucken Lippen zieren sich großzügig mit roter Zeichnung. Obwohl die Hybride mehrere Generationen von ihrer Ursprungsart entfernt ist, hat sie von dieser einen zarten Blütenduft mitbekommen.

Cymbidium Happy Days ▶

Über dieser grüngelben Hybride schwebt ein betörender Duft. Dies ist eine Farbe für jeden Geschmack, ihr angenehmer Ton verleiht jedem Raum eine frische, kühle Note. Die Lippe ist leicht hellrot gefleckt. Die Pflanze blüht im zeitigen Frühjahr.

Cymbidium Ming ►

Diese hübsche Miniatursorte blüht im Winter mit zahlreichen Blüten an aufrechten Ständen. Die chromgelben Kron- und Kelchblätter zeigen einen verschwommenen roten Streifen. Die weiße Lippe schmückt sich mit mahagoniroten Flecken. Die Blüte dauert mehrere Wochen an.

◄ *Cymbidium* Mini Mint

Die charmante Miniatursorte wurde auf kompakten Wuchs gezüchtet. Sie eignet sich gut für die Wohnung. Sehr blühfreudig, besticht sie durch die im Verhältnis zu ihrer begrenzten Größe reichlichen Blütenstände. Die limonengrünen Kron- und Kelchblätter bilden einen schönen Kontrast zur cremefarbenen, gelb gepunkteten Lippe.

◀ *Cymbidium* Archirondel

Diese hervorragende moderne Standard-Hybride präsentiert die klassische *Cymbidium*-Blütenform, mit breiten Kron- und Kelchblättern, die sich nach dem Öffnen leicht wölben. Die hell cremefarbenen Blütenblätter kontrastieren mit der dunkelroten Lippenzeichnung, die sich in zarter Punktierung am Grund der Kelchblätter widerspiegelt.

Cymbidium Cotil Point ▶

Die Blütenstände dieser Standard-Hybride können aufrecht oder überhängend gezogen werden. Die großen, tief rosaroten Blüten zieren sich mit rundlichen Lippen, deren kräftig roter Rand die Wirkung dieser schönen Sorte betont.

◀ *Cymbidium* Via Vista

Die Blüten dieser äußerst attraktiven, kompakten Hybride sind kleiner als bei den Standardformen. Am besten wirken sie an aufrecht gebundenen Ständen, sodass sie das Laub deutlich überragen. Von den zart cremegelben Blüten hebt sich das dunkelrote, hufeisenförmige Muster der Lippen ab.

▼ *Cymbidium* Pontac

Ein intensiveres Rot findet sich bei den Cymbidien kaum; diese kräftig gefärbte Hybride hellt selbst die trübsten Wintertage auf. In sehr warmen Gegenden sollte sie abseits direkter Sonneneinstrahlung gehalten werden, damit ihre Farbe nicht verblasst. Die Blüten pro Stand sind nicht allzu zahlreich, jedoch recht groß.

NÜTZLICHE TIPPS

STANDORT
Kühler, heller Platz ohne Mittagssonne, an dem die Temperatur nachts auf 10–13 °C fällt und tagsüber 30 °C nicht übersteigt.

IM FREIEN?
In mildem Klima ganzjährig draußen, ansonsten, nur im Sommer

PFLEGE
Ganzjährig gießen. Im Sommer bei jeder zweiten Wassergabe düngen, im Winter bei jeder dritten

UMTOPFEN
Alle zwei Jahre nach der Blüte

GRÖSSE
Erwachsene Pflanzen erreichen eine Höhe von bis zu 100 cm, die Blüten einen Durchmesser von bis zu 10 cm.

▲ *Cymbidium* Samarkand 'Top Flight'

Diese begehrte Hybride präsentiert sich in klassischen Altgoldtönen, die bei Orchideenhaltern weltweit beliebt sind. Sie repräsentiert eine Linie, von der stets Sorten erhältlich sind, da sie durch ihre zeitlose Schönheit überzeugt und die Menschen mit ihren Blüten erfreut.

◄ *Cymbidium* Saint Helier 'Mont Millias'

Diese hervorragende Hybride erhielt für ihre exzellente Form und Qualität eine Auszeichnung der Royal Horticultural Society in London. Sie blüht im Frühsommer, zum Ende der Hauptblütezeit der Cymbidien. Die helle Lippe harmoniert schön mit dem kühlen Eisgrün der Kron- und Kelchblätter.

◀ *Cymbidium* Nandy 'Green Mist'

Diese beliebte grün und spät blühende Standardsorte braucht Platz zur Entfaltung, denn sie kann innerhalb weniger Jahre recht groß werden. Die Blütenstände sind reichlich mit großen apfelgrünen Blüten bestückt, die cremeweißen Lippen zeigen am Rand ein deutliches rotes Muster.

Cymbidium Avranches ▶

In prächtigem, sonnigem Gelb erstrahlt diese erstrebenswerte Standard-Hybride. Die dunkelrote Zeichnung der gelben Lippe sorgt für eine prickelnde Farbkombination. Solch kräftige Gelbtöne sieht man selten. Es lohnt sich aber, nach ihnen zu suchen, weil sie förmlich leuchten.

Die Odontoglossum-Gruppe

Die *Odontoglossum*-Gruppe umfasst eine Reihe verwandter Orchideen, die sich leicht miteinander kreuzen. Durch Kreuzung von *Odontoglossum* mit anderen Gattungen wie *Cochlioda* und *Oncidium* entstanden zahlreiche Hybriden. Das Ergebnis ist eine endlose Fülle bezaubernder gemusterter und gerüschter Blüten. Es gibt sie in allen Farben außer reinem Blau; blauviolette Töne sind jedoch nicht ungewöhnlich. Zu den lebhaftesten Farben zählen ein leuchtendes, sonniges Gelb und ein kräftiges Rot. Charakteristisch für diese Orchideen sind andersfarbige Flecken, Punkte und ausgeprägte Muster. Odontoglossen und viele andere Orchideen dieser Gruppe stammen aus Südamerika, wo sie hoch in den Anden in Nebelwäldern auf Bäumen wachsen. Sie gedeihen dort in kühler Umgebung, die Nächte sind öfter frostig. Daher sagen ihnen auch in Kultur kühlere Regionen am meisten zu.

Odontoglossum (O-dont-o-glos-um)

Der aus dem Griechischen abgeleitete botanische Name bedeutet „Zahnzunge" und bezieht sich auf die zahnartigen Auswüchse auf der Lippe. Deutscher Name: Zahnzunge, Tigerorchidee. Die Gattung wurde 1815 benannt. Etwa 60 Arten in den Anden.

Alles über Odontoglossen

Reine Odontoglossen sind heute weitaus seltener als ihre Gattungshybriden, die meist unter der Bezeichnung Odontoglossum *zusammengefasst werden. Mit ihren dekorativen Blüten sind diese leicht im Haus zu haltenden Hybriden sehr populär.*

Stattlich elegant präsentiert sich diese *Odontoglossum*-Hybride, *Colmanara* Wild Cat 'Bobcat', mit wochenlanger Blüte. Der Blütenstand braucht eine Stütze.

Die Blüten der *Odontoglossum*-Gattungshybriden sind sehr variantenreich, doch zeigen alle dieselbe Grundform mit gleich großen Kron- und Kelchblättern und ausgeprägter Lippe. Diese ist bei *Oncidium*-Hybriden größer als die restliche Blüte, bei den anderen Hybriden kleiner. Die Blüte hält bis zu sechs Wochen, und die Pflanze blüht üblicherweise einmal pro Wuchsperiode, etwa alle neun bis zehn Monate: Somit kann der Flor jedes Jahr zu einem anderen Termin erscheinen.

Odontoglossen bilden glänzend grüne, schmal eiförmige Pseudobulben mit einem Blattpaar an der Spitze und zwei kleineren Blättern an der Basis. Der Blütenstand entspringt an einem der unteren Blätter, wenn die Pseudobulbe reift. Die Pflanzen bleiben kompakt, meist unter 50 cm, mitunter jedoch erreichen die Blütenstände bis 100 cm Höhe.

Wenn der Neutrieb am Grund der Pseudobulben erscheint, entwickeln sich auch neue Wurzeln. Sie sind feiner als die anderer Orchideen und können allmählich den kompletten Topf als dichter, weißer Wurzelball ausfüllen. Mit der Zeit verlieren die ältesten Pseudobulben ihre Blätter, bleiben aber noch einige Jahre grün und prall und versorgen den Neuzuwachs. Sobald sie verbräunen und ihre Wurzeln abgestorben sind, schneiden Sie sie beim nächsten Umtopfen ab. Die lebenden Wurzeln entspringen den jüngeren Pseudobulben.

Gattungshybriden

Odontoglossum wird z. B. mit *Cochlioda* gekreuzt, das Ergebnis heißt *Odontioda* (die botanisch korrekte Schreibweise erfordert ein Kreuz vor dem Namen: × Odontioda). Bei den ersten Hybriden kreuzte man die rotblütige *Cochlioda noezliana* ein, was zu kräftig gefärbten Hybriden führte. Noch stärker vermischten sich die Farben bei *Vuylstekeara* (siehe Kasten).

Eine andere beliebte Hybride ist *Odontocidium*, eine Kombination aus *Odontoglossum* und *Oncidium*. Manche Hybriden zeichnen sich durch vielblütige, schlanke Blütenstände aus, mit edlen, teils duftenden Blüten in lebhafter Farbpalette. Bei bestimmten Varianten dominiert eine Gattung die Züchtung und prägt die Blüten charakteristisch.

DIE ULTIMATIVE HYBRIDE: VUYLSTEKEARA

Benannt nach dem belgischen Züchter, der sie erstmals kreuzte, hat diese Hybride gleich drei Elterngattungen: *Cochlioda, Miltonia* und *Odontoglossum*. Die berühmte *Vuylstekeara* Cambria 'Plush' (siehe S. 70) erhielt hochrangige Auszeichnungen von der englischen Royal Horticultural Society (1967) und der American Orchid Society (1973). Sie wurde häufiger vermehrt als jede andere Orchidee – mit dem Ergebnis, dass man heute viele ähnliche Odontoglossen einfach als „Cambria-Hybriden" verkauft.

Die großen, verwegen gefärbten, tief weinroten Blüten demonstrieren die *Miltonia*-Herkunft, ebenso die üppige, fächerartige Lippe. Die kleine *Cochlioda* dagegen zeigt als entfernter Vorfahr kaum noch genetischen Einfluss und lebt lediglich auf der Liste der Eltern mit fort.

NÜTZLICHE TIPPS

STANDORT
Recht helles Fensterbrett, aber ohne direkte Sonne. Nachts mindestens 10 °C, tagsüber maximal 24 °C

IM FREIEN?
Nicht nach draußen stellen, auch nicht im Sommer

PFLEGE
Gleichmäßig feucht halten, ganzjährig düngen, für hohe Luftfeuchtigkeit sorgen

UMTOPFEN
Alle zwei Jahre nach der Blüte umtopfen

GRÖSSE
Erwachsene Pflanzen meist unter 50 cm, Blütenstände aber teils bis 100 cm

Odontoglossen pflegen

Durch intensives Kreuzen von Orchideen innerhalb der Odontoglossum-Gruppe entstanden einige äußerst robuste Pflanzen, die zu den pflegeleichtesten Orchideen für kühlere Regionen zählen.

Schneiden Sie nach der Blüte die Blütenstiele auf wenige Zentimeter über der Basis der Pseudobulben zurück.

Odontoglossen lieben einen hellen Platz am Fenster, jedoch ohne direkte Sonne. Im Winter sollte die Nachttemperatur für mehrere Stunden auf 10 °C absinken – aber keinesfalls tiefer –, im Sommer auf 13 °C. Auch dieser Wert darf nicht unterschritten werden. Tagestemperaturen von über 24 °C führen zu Hitzestress und hemmen Wachstum und Blüte. Sorgen Sie daher im Sommer dafür, dass die Pflanzen mit ausreichend frischer Luft versorgt werden.

Sehr wichtig: richtiges Gießen

Die meisten Probleme, die bei Odontoglossen auftreten, hängen mit dem Gießen zusammen. Bei übermäßiger Wasserversorgung können die Pflanzen an der Basis faulen, da die Pseudobulben recht empfindlich sind. Wenn auch nur eine Pseudobulbe fault, sollten Sie diese unverzüglich mitsamt dem zu ihr gehörenden Rhizomteil wegschneiden. Auf diese Weise verhindern Sie, dass sich die Fäulnis auf den Rest der Pflanze ausbreiten kann.

Entfernen Sie blattlose, welke oder braune Pseudobulben, indem Sie das Rhizom darunter zwischen den Pseudobulben mit einer scharfen Gartenschere abtrennen.

Vermeiden Sie das direkte Bewässern junger Triebe; sie sind weich und saftig und faulen schnell, wenn Wasser im „Herz" stehen bleibt. Schneiden Sie den Neuzuwachs weg, falls er braun wird. Zuweilen bringt die Pflanze dann an derselben Stelle einen Ersatzneutrieb hervor.

Starke Schwankungen zwischen Feuchtigkeit und Trockenheit – anstelle von gleichmäßigem Gießen – führen zu ziehharmonikaartig geknitterten jungen Blättern. Dieser Knitterwuchs zieht sich gewöhnlich quer über das Blatt, manchmal auch in Längsrichtung. Das lässt sich kaum beheben, man kann nur künftig sorgfältiger wässern. Wenn Ihre Pflanze jedoch trotz guter Gießpraxis ständig solche Blätter ausbildet, kann ein genetischer Defekt vorliegen. Bei der gewaltigen Massenproduktion von Pflanzen schleichen sich mitunter solche Erbfehler ein.

Wo die Wintertemperaturen längere Zeit zu niedrig sind oder die Pflanze dauernd feuchtkühl steht, bilden sich zuweilen wassergefüllte Blasen an den Pseudobulben. Diese können geöffnet und entwässert werden. Überstäuben Sie die Vertiefungen dann mit Schwefelpulver, damit der Bereich austrocknet und vor Infektionen geschützt ist.

Die Hauptursachen für schrumpelige Pseudobulben und Blattflecken sind übermäßiges Gießen oder feuchtkühle Verhältnisse. Solche Einflüsse machen die Pflanze anfällig für Pilzbefall auf den Blättern. An älteren Blättern kann auch die natürliche Alterung Flecken hervorrufen, doch an jüngeren sind sie Anzeichen für mangelhafte Wuchsbedingungen, ebenso wie schwarze Blattspitzen.

Auswirkungen der Lichtverhältnisse

Im Frühling und Frühsommer führt direkte Sonneneinstrahlung zu Verbrennungen in Form schwarzer Blattflecken. Im Hochsommer, wenn die Lichtintensität am stärksten ist, können sich die Blätter leicht rötlich verfärben. Das ist nicht schädlich und zeigt nur an, dass die Pflanze eine ausreichende Lichtmenge erhält. Zum Winter hin nimmt das Laub wieder seine mittelgrüne Farbe an.

Eine sommerliche tief dunkelrote Färbung dagegen weist auf zu hohe Lichteinstrahlung hin, die im Extremfall zu vorzeitigem Blattfall führt. Dann gibt es mehr unbeblätterte als beblätterte Pseudobulben, und die Pflanze gerät aus der Balance. Die blattlosen Nebenbulben müssen daher entfernt werden. Nehmen Sie die Pflanze aus dem Topf, schneiden Sie überschüssige Nebenbulben ab und topfen Sie die Pflanze in ein kleineres Gefäß. Sie wird dann nach vorn weiterwachsen und mehr große Pseudobulben bilden. Bei zu vielen blattlosen Nebenbulben bleiben auch die Neubulben zu klein, sodass die Blüte sparsamer ausfallen kann.

Ausputzen der Pflanze

Putzen Sie die Pflanze beim Umtopfen behutsam aus, indem Sie Reste abgestorbener Seitenblätter, die die Pseudobulben umgeben, wegnehmen. Schneiden Sie verwelkte Blütenstände ab, ebenso schwarze Blattspitzen und beschädigte Blätter, und entfernen Sie alte Pseudobulben.

WÄRME-LIEBENDE VERWANDTE

Odontoglossen gedeihen in tropischen Regionen schlecht, doch eine Reihe naher Verwandter, darunter Miltonien und ihre Hybriden, vertragen wärmeres Klima gut (siehe „Miltonien und Brassien“, S. 99–105).

DER RICHTIGE ZEITPUNKT ZUM UMTOPFEN

Es wird Zeit zum Umtopfen, wenn sich der Neuzuwachs so nah am Topfrand entwickelt, dass man kaum noch einen Finger dazwischen stecken kann (siehe Abb. rechts).

Nehmen Sie einen etwas größeren Topf, damit der Neuzuwachs genug Platz hat und sich nach vorn ausbreiten kann (siehe Abb. ganz rechts; siehe auch „Cymbidien umtopfen“, S. 44–45).

▼ x *Wilsonara* Widecombe Fair

Zum Stammbaum dieser Gattungshybride gehören *Odontoglossum*, *Cochlioda* und *Oncidium*. Von diesen dreien sticht *Oncidium* am meisten hervor, besonders die Art *Oncidium incurvum*. Sie verlieh dieser schönen Hybride einen hohen, weihnachtsbaumartig verzweigten Blütenstand. Die rosa-weiß gefärbten Einzelblüten sind klein und sternförmig.

x *Miltonidium* Avalon Bay ▶

Bei dieser Kreuzung aus *Miltonia* und *Oncidium* überwiegt der *Oncidium*-Einfluss. Er führte zu Blüten mit ganz eigenem Charakter, mit kleinen, schmalen Kronblättern und intensiv braunen Kelchblättern. Die Lippe ist groß und geigenförmig, mit kräftig gefärbter Mitte und am Grund verstreuten Flecken.

▲ *Odontoglossum* Augres

Die klassisch weißen Blüten haben ein zeitloses Flair. Es gibt viele ähnliche Hybriden mit rein weißen Kron- und Kelchblättern, die eine gelbe Lippe umgeben. Manche aus dieser Gruppe zeigen gelegentlich einen roten oder braunen Fleck auf den Kronblättern. Hier wurde der untere Teil des Blütenstands aufgebunden, die Spitze darf anmutig überhängen.

Odontoglossum Elle's Triumph ▶

Gelbe Odontoglossen erfreuen sich großer Beliebtheit, und diese schöne Vertreterin mit Hellgelb und Kastanienbraun ist kaum zu schlagen. Die Blüten zeigen die klassische und beste Musterung dieser Farblinie. Mit genügend ungeöffneten Knospen dauert der Flor dieser hübschen Sorte über viele Wochen an.

x *Odontioda* Kalkarstern ▶

Die attraktive Orchidee wurde gezüchtet, um etwas kleinere Blüten zu erhalten, als in dieser Hybridgruppe üblich. Der Blütenstand ist kürzer und leichter. Die dicht gepunkteten Kron- und Kelchblätter sind schmal, zugespitzt und formieren sich zu einem Stern. Die herzförmige, gekrauste Lippe präsentiert sich in kirschrot überhauchtem Weiß.

◀ x *Odontioda* Les Plantons

Mit voll entwickeltem Blütenstand zeigt sich diese Orchidee in optimaler Entfaltung. Das anmutige Muster der ausdrucksstarken Blüten ist typisch für diese schöne Gattung. Viele Pflanzen zeigen eine ähnliche Färbung und Zeichnung, doch jede hat ihre individuelle Ausprägung. Hier wird die weiße Grundfarbe von einer rosa Tönung und roten Flecken dominiert.

x *Odontioda* Pontac ▶

Auf intensive Färbung verzichtend, hat diese Orchidee eine ruhige Ausstrahlung, mit zartrosa überhauchtem Weiß und vereinzelten roten Flecken. Die junge Pflanze blüht zum ersten Mal und hat daher noch keinen Blütenstand in voller Länge (dieser erscheint aber bei der nächsten Blüte). Ältere Exemplare können bis zu einem Dutzend Blüten pro Stand hervorbringen.

Oncidium Twinkle 'Red' ▼

Eine ganz eigene Note! Diese charmante kleine Pflanze verdankt ihre grazilen, verzweigten Stände mit den exquisit geformten rosa Blüten der Ursprungsart *Oncidium ornithorhynchum*. Sie erinnert nicht nur im Aussehen an diese Art, sondern hat von ihr noch eine weitere Eigenschaft geerbt: den süßen Blütenduft.

◄ *Oncidium* Boissiense

Diese eindrucksvolle Hybride ist typisch für die großlippigen Oncidien, die Stände mit zahlreichen leuchtend gelben Blüten hervorbringen. Die kleinen gelben Kron- und Kelchblätter sind rötlich braun gefleckt und zum Teil versteckt hinter der rundlich breiten Lippe. Der Blütenstand ist verzweigt, die Blüten dürfen hier locker überhängen.

▲ x *Odontoglossum* Boussole 'Blanche'

Diese hübsche Gattungshybride entstand durch Kreuzung von *Odontoglossum* mit *Miltonia*. Das Ergebnis ist eine großblütige Orchidee mit zugespitzten Kron- und Kelchblättern, weiß und mit Violettrosa überzogen; diese Färbung erkennt man am deutlichsten außen an der Blüte. Ein rotes Muster auf der weißen Lippe umrundet die gelben Saftmale in der Blütenmitte.

◀ x *Vuylstekeara* Cambria 'Plush'

Dieser zeitlose Klassiker findet sich überall, wo Odontoglossen kultiviert werden. Die hohen Stände tragen große, farbenprächtige Blüten, deutlich beeinflusst vom Miltonia-Anteil der Pflanze. Dieser zeigt sich auch in der großen, auffälligen Lippe mit kräftig roter Zeichnung. Die Kron- und Kelchblätter sind tief weinrot.

x *Odontioda* St. Clement ▶

Odontoglossum-Hybriden präsentieren sich mit Mustern und Färbungen, die sich bei keinen anderen Orchideen derart ausgeprägt finden. Bei dieser Sorte überziehen rote Flecken die helle Grundfarbe; die Ränder der Blütenblätter sind zudem zartviolett eingefasst. Die gelbe Säule in der Mitte rundet das herrliche Farbenspiel ab.

Paphiopedilen und Phragmipedien

Diese beiden hübschen Gattungen, die in verschiedenen Teilen der Welt beheimatet sind, kennt man auch als Venusschuh-Orchideen. Sie unterscheiden sich von anderen bekannten Orchideen vor allem durch ihre Lippe, die zu einer pantoffelförmigen Falle für bestäubende Insekten umgestaltet ist. Wenn eine Biene in solch eine Falle gerät, kann sie nur an deren Rückseite über eine Leiter aus kleinen Haaren wieder entkommen. Beim Durchzwängen ins Freie heften sich Pollinien, die wachsartigen Pollenklumpen, an ihren Körper. Damit bestäubt die Biene die nächste Blüte, die sie besucht. Über der Lippe steht das breite mittlere Kelchblatt, seitlich gehen schmale Kronblätter ab. Die beiden seitlichen Kelchblätter sind zu einem verwachsen und zum Teil hinter der Lippe verborgen.

Paphiopedilum (Pa-fi-o-pe-di-lum)

Deutscher Name: Venusschuh. Der aus dem Griechischen abgeleitete botanische Name bedeutet „Venuspantoffel". Die Gattung wurde 1886 benannt. 65 Arten, von China bis Neu-Guinea. Die Arten sind selten, aber es gibt viele Hybriden (Abb. links).

Phragmipedium (Frag-mi-pe-di-um)

Ebenfalls häufig Venusschuh genannt. Der aus dem Griechischen abgeleitete botanische Name bedeutet „gespaltener Schuh". Die Gattung wurde 1896 benannt. 20 bekannte Arten in Südamerika. In neuerer Zeit gibt es immer mehr Hybriden (Abb. S. 74).

Alles über Venusschuhe

Die Blüten der beiden Venusschuh-Gattungen sind ähnlich, doch Paphiopedilen bleiben kleiner und wachsen langsamer als Phragmipedien, die große Blätter und längere Blütenstände haben.

Die dunkelroten Blüten dieser schönen Phragmipedie erscheinen über Monate hinweg in ständiger Folge und erfreuen ihren Besitzer.

Paphiopedilen wie Phragmipedien bilden fleischige Triebe, die ohne Pseudobulben aus einem Rhizom wachsen. Jeder Neutrieb entsteht an der Basis des vorherigen. Manche Pflanzen haben nur wenige Blätter, andere bis zu sechs pro Trieb.

Paphiopedilen

Viele Paphiopedilen sind von eher bescheidener Größe – mit nur wenige Zentimeter großen Blättern –, während andere eine Höhe von bis zu 30 cm erreichen. Die Blätter sind häufig sehr attraktiv, mit hell- und dunkelgrüner Marmorierung oder Aderung. Je nach Sorte sind die Blütenstände ein- oder vielblütig, und die aus vielen verschiedenen Sorten gezüchteten Hybriden präsentieren sich in einer enormen Variationsbreite.

Mit teilweise über 13 cm langen Blättern erreichen die Blüten bisweilen einen Durchmesser von 30 cm. Sie können stark glänzen und treten etwa in Kombinationen aus Erdbraun und Rot, Gelb und Grün oder in Weiß auf. Sie sind oft gefleckt, das mittlere, fahnenartige Kelchblatt kann dekorativ gestreift, geflammt oder geadert sein.

Jede Pflanze ist individuell, da sich Paphiopedilen im Gegensatz zu vielen anderen Orchideen nur schwer in Meristemkultur klonen lassen, sondern meist aus Samen angezogen werden.

Phragmipedien

Phragmipedien sind im Vergleich zu Paphiopedilen riesig, robust und bilden große, fleischige Triebe mit bis zu 60 cm langen Blättern. Die Blütenstände sind lang, an manchen Formen bis 100 cm und mehr; solche Pflanzen entfalten über Monate immer wieder neue Blüten. Die meisten Hybriden bilden große Blüten mit langen, bandartigen Kronblättern, die bis zu 15 cm herabhängen.

Die Farbpalette variiert von Gelbbraun über Hellgrün und Braun bis zu den lebhaften Orange- und Rottönen der neueren Hybriden.

AM NATURSTANDORT

Manche Paphiopedilum- und Phragmipedium-Arten wachsen im Falllaub am Waldboden oder auf den unteren Ästen von Bäumen, andere auf Kalksteinböden – oder sie haften an nackten Felsen. Generell bevorzugen sie trockenere Lebensräume, die für andere Orchideen ungeeignet sind.

Paphiopedilum villosum am Naturstandort in Thailand

PHRAGMIPEDIUM
(großes Bild)
NÜTZLICHE TIPPS

STANDORT
In einem warmen Raum mit einer Mindesttemperatur von 13 °C, nicht in direkter Sonne

IM FREIEN?
Nicht nach draußen stellen, auch nicht im Sommer

PFLEGE
Ganzjährig gießen, aber nicht vernässen; Blätter feucht wischen, anstatt die Pflanze zu übersprühen

UMTOPFEN
Alle zwei Jahre nach der Blüte umtopfen

GRÖSSE
Erwachsene Pflanzen bis 100 cm Höhe; Durchmesser der Blüten bis 20 cm

PAPHIOPEDILUM
NÜTZLICHE TIPPS

STANDORT
In einem warmen Raum mit einer Mindesttemperatur von 13 °C, nicht in direkter Sonne

IM FREIEN?
Nicht nach draußen stellen, auch nicht im Sommer

PFLEGE
Ganzjährig gießen, aber nicht vernässen. Blätter feucht wischen, anstatt die Pflanze zu übersprühen

UMTOPFEN
Jährlich nach der Blüte umtopfen

GRÖSSE
Erwachsene Pflanzen bis 100 cm Höhe; der Durchmesser der Blüten liegt bei bis zu 20 cm.

Venusschuhe pflegen

Weder Paphiopedilen noch Phragmipedien haben eine eindeutige Ruhephase oder Blütenperiode – vielmehr wachsen sie das ganze Jahr über.

Die Ansprüche von Paphiopedilen und Phragmipedien sind ziemlich ähnlich, und so können sie zusammen unter denselben Verhältnissen wachsen: bei warmen oder mittleren Temperaturen, die in Winternächten nicht unter 13 °C fallen. Beide mögen es beschattet, wobei Phragmipedien mehr Licht vertragen, nicht jedoch direkte Sonne. Während des Winters allerdings sollten beide Orchideen so viel Licht wie möglich erhalten, indem man sie nahe an einem sonnigen Fenster platziert. Im Frühling, wenn die Tage länger werden, rücken Sie sie dann an einen schattigeren Ort.

Unter geeigneten Bedingungen wachsen Phragmipedien kräftig. Sie brauchen Platz, um sich zu entwickeln, und stehen am besten in einem Wintergarten, sofern kein Gewächshaus zur Verfügung steht.

Paphiopedilen können in Substrat aus Rindenstücken gehalten werden, Phragmipedien gedeihen gut in Steinwolle. In Steinwolle bleibt die Feuchtigkeit im Wurzelbereich besser konstant, die Fäulnisgefahr ist geringer.

Gießen und düngen

Da Venusschuhe ganzjährig wachsen, brauchen sie eine konstante Wasserversorgung. Versuchen Sie sie gleichmäßig feucht zu halten, aber vermeiden Sie starke Nässe. Riskieren Sie im Zweifelsfall eher etwas mehr Trockenheit.

Verabreichen Sie den Dünger jeweils zusammen mit den Wassergaben. Feuchten Sie trockenes Substrat zunächst mit düngerfreiem Wasser an, und gießen Sie erst dann mit dem in Wasser auf-

RETTUNG EINER VERNÄSSTEN PAPHIOPEDILE

Paphiopedilen, die ständig zu stark gegossen werden, nehmen möglicherweise an den Wurzeln Schaden. Solche Pflanzen sitzen sehr locker im Topf, da sie nicht mehr im Substrat verankert sind. Ohne Wurzeln welken sie rasch, und da Paphiopedilen keine Pseudobulben haben, fehlen ihnen die Reserven, um längere Zeit ohne Wasseraufnahme zu überleben. Manchmal lassen sich die Pflanzen retten, indem man sie mit etwas feuchtem Moos in eine transparente Kunststofftüte oder -flasche gibt. Der Feuchtigkeitsverlust wird so gestoppt. Sofern die Pflanze wieder wächst, entstehen auch neue Wurzeln.

Nehmen Sie die Pflanze aus dem Topf, und zerschneiden Sie eine Plastikflasche.

Füllen Sie feuchtes Moos ein, in das Sie die Orchidee setzen.

Setzen Sie die obere Flaschenhälfte auf – ohne Deckel, damit die Luft zirkulieren kann.

gelösten Flüssigdünger. Düngergaben können bei sehr trockenen Pflanzen den Wurzeln schaden und zu Verbrennungen führen. Phragmipedien in Steinwollsubstrat kann man bei jedem Gießen düngen. Paphiopedilen in Rindensubstrat dagegen sollten nur bei jeder zweiten oder dritten Wassergabe Dünger erhalten. Im Winter, wenn Licht und Wärme reduziert sind, wird weniger gedüngt.

Übersprühen Sie diese Orchideen nicht, denn ihre Blätter sind nässeempfindlich; zu viel Feuchtigkeit kann Flecken verursachen. Außerdem besteht die Gefahr, dass Sprühwasser ins Herz der Triebe läuft und dort Fäulnis hervorruft, was ganze Triebe zerstören kann. Vermeiden Sie deshalb auch beim Gießen das direkte Benässen der Triebe.

Die alten Blätter bleiben lange nach dem Absterben an der Pflanze. Am besten schneidet man sie an der Basis ab, wenn sie gelb werden. Falls Sie an grünen Pflanzenteilen schneiden müssen, überstäuben Sie die Schnittstelle mit Schwefelpulver.

Für Luftbewegung sorgen

Frische Luft ist wichtig für Venusschuhe. Viele Wuchsprobleme lassen sich lösen, indem man die Luftzirkulation rund um die Pflanzen verbessert. Sie sollten nicht zu nahe an Wärmequellen wie Heizkörpern oder Heizgeräten stehen.

Im Sommer, wenn die Temperaturen ihr Maximum erreichen, bekommt den Pflanzen Frischluft über ein geöffnetes Fenster meist gut. Während des Winters, wenn kalte Zugluft droht, ist das gefährlich. Versuchen Sie, dennoch einen Platz zu finden, an dem etwas Luftbewegung herrscht. In einem Wintergarten können Sie die Luftzirkulation mithilfe eines kleinen Elektrolüfters erhöhen. Luftbewegung beugt auch Problemen mit Kälte und Feuchtigkeit vor, ebenso wie mit extremer Hitze.

Schädlinge und Blattschäden

Achten Sie auf Wollläuse (siehe auch S. 180) – vor allem an den Blattunterseiten, ebenso im Herzen junger Triebe. Dort befindliche Wollläuse befallen die austreibenden Blütenstände. Man findet sie oft an den Blütenständen oder direkt an den sich öffnenden Blüten.

Schildläuse und Spinnmilben (siehe auch S. 180) treten besonders unter sehr warmen, trockenen Bedingungen auf. Solche Verhältnisse können auch zu schwarzen Blattspitzen führen sowie zum vorzeitigen Vergilben der Blätter (siehe auch S. 178–179).

Mit ihren elegant herabhängenden Kronblättern ist diese tief weinrote Paphiopedile ein echter Blickfang.

Venusschuhe umtopfen

Paphiopedilen bevorzugen organisches Substrat wie Kiefernrinde, während Phragmipedien gut in Steinwolle gedeihen.

Paphiopedilen

Gut strukturiertes Substrat ist für Paphiopedilen lebenswichtig. Stark zersetztes Substrat hingegen lässt kaum Luft an die Wurzeln, vernässt und wird sauer. So verliert die Pflanze schnell ihre Wurzeln.

Dem lässt sich durch jährliches Umtopfen im Frühjahr vorbeugen, jedoch nur, wenn die Pflanze nicht blüht. Verwenden Sie beim Umtopfen Kiefernrinde sowie Dränagematerial am Topfboden.

Der Topf für Paphiopedilen sollte so klein wie möglich sein, denn Paphiopedilen haben im Vergleich zu anderen Orchideen wenig Wurzeln. Diese sind nicht weiß, wie sonst oft üblich, sondern braun und behaart. Dadurch lassen sich lebende und tote Wurzeln teils nur schwer unterscheiden. Tote Wurzeln sind hohl; ihre äußere Rinde lässt sich abschälen, dann wird ein drahtartiger Kern sichtbar. Entfernen Sie tote Wurzeln beim Umtopfen. Schneiden Sie vorsichtig auch tote Rhizome hinten am Wurzelstock weg, deren Triebe bereits abgestorben sind. Der neue Topf muss oft nicht größer sein. Platzieren Sie die Pflanze näher zum hinteren Rand, damit vorn genug Platz für das Ausbreiten des Neuaustriebs bleibt.

UMTOPFEN EINER PHRAGMIPEDIE

Sie brauchen:

- Substrat, natürliches (Kiefernrinde mittlerer Körnung), oder Steinwolle. Feuchten Sie Steinwolle gut an, um dem Einatmen der Fasern vorzubeugen.
- Messer oder Gartenschere
- Blähton als Dränage auf dem Topfboden, falls Kiefernrinde verwendet wird
- einen neuen Topf
- Handschuhe und Atemschutzmaske bei Verwendung von Steinwolle

Tragen Sie Handschuhe, wenn Sie mit Steinwolle arbeiten. Wässern Sie die Pflanze vor dem Austopfen, um die alte Steinwolle anzufeuchten.

1

2

Befreien Sie die Wurzeln von alter Steinwolle; schneiden Sie abgestorbene Wurzeln weg.

Viele Paphiopedilen wachsen langsam, sodass nicht ständig abtrennbare Teilstücke entstehen. Sie sollten nur geteilt werden, wenn sie in einer Saison mehrere neue Triebe hervorgebracht haben. Belassen Sie stets drei oder vier Triebe an der Pflanze.

Phragmipedien

Phragmipedien wachsen oft sehr üppig, besonders wenn sie mehr als einen neuen Austrieb im Jahr bilden. Topfen Sie erst um, wenn sie groß genug ist, um geteilt zu werden. Bester Termin ist das Frühjahr. Bei Pflanzen, die über viele Monate blühen, sollten die Blütenstände zurückgeschnitten werden, damit sie sich nach dem Umtopfen schnell erholen.

Phragmipedien brauchen für ihr kräftiges Wurzelsystem große Töpfe. Beim Umtopfen müssen Sie die lebenden Wurzeln nicht einkürzen, es sei denn, diese sind extrem lang. Steinwollsubstrat eignet sich am besten; Dränagematerial ist in diesem Fall nicht erforderlich.

Setzen Sie die Pflanze in den neuen Topf, befeuchten Sie die Steinwolle, und packen Sie sie locker rund um den Wurzelballen.

3

Paphiopedilen und Phragmipedien haben vieles gemeinsam, doch beim Umtopfen gibt es Unterschiede.

◀ *Phragmipedium* Don Wimber

Diese kräftige, robuste Hybride bildet ihre orangeroten Blüten in ständiger Folge entlang hoher, stetig wachsender Blütenstiele. Die Pflanze kann so über mehrere Monate blühen. Ihre kräftige Färbung verdankt sie dem Einfluss der Ursprungsart *Phragmipedium besseae*.

▼ *Paphiopedilum* Barbarita

Bekannt als züchterisch komplexe Hybride, bringt diese Sorte einzelne große Blüten mit intensiver gold- und kupferfarbener Färbung hervor. Das große mittlere Kelchblatt, gelb-weiß und dunkelbraun gepunktet, dominiert die Blüte. Diese Hybride blüht während des Winters viele Wochen lang.

Paphiopedilum Maudiae ▶

Diese hübsche Sorte vereint Anmut und Eleganz. Die Blüten erscheinen einzeln an langen Stielen. Hervorstechend ist das breite mittlere Kelchblatt an der Spitze, dessen Adern dasselbe frische Grün zeigen wie die Kronblätter und die Lippe. Die schöne Pflanze hat marmorierte Blätter und ist eine ältere Züchtung.

Phragmipedium Sorcerer's Apprentice ▼

Diese kräftige, attraktive Hybride bildet sehr große Blütenstände – mit einer Höhe von bis zu 100 cm. Die Blüten entfalten sich über viele Monate, wobei immer nur ein oder zwei gleichzeitig geöffnet sind. Die zauberhaften großen Blüten faszinieren durch Rot-, Orange- und Goldtöne.

Paphiopedilum Raisin Jack ►

Aus ähnlichen Linien gezüchtet wie die unten abgebildete 'Jack Flash', präsentiert sich die Blüte dieser Hybride offener, mit über der Lippe fast waagrecht ausgebreiteten Kronblättern. Das mittlere Kelchblatt ist grün und violett geflammt und greift auf diese Weise die Farben von Kronblättern und Lippe auf.

◄ *Paphiopedilum* Jack Flash

Diese geflecktblättrige Sorte verdankt ihre grüne und violette Farbe – neben anderen – vor allem der thailändischen Art *Paphiopedilum callosum*. Manche Züchtungen dieser Hybride haben sehr dunkle, fast ins Schwarze gehende Blüten. Die Blüten erscheinen einzeln am Stiel, hauptsächlich im Herbst und Winter.

▼ *Paphiopedilum insigne*

Diese Art stammt aus dem Himalaja und wurde früher für den Schnittblumenmarkt kultiviert. Einst in Sammlungen sehr verbreitet, entwickelte sie sich später zum raren Liebhaberobjekt. Heute ist sie dank moderner Vermehrungsmethoden jedoch gut erhältlich und findet sich auch in nicht spezialisierten Gärtnereien und Gartencentern.

Paphiopedilum Leeanum ▶

Dies ist eine klassische, immer noch beliebte Hybride, die vor über 100 Jahren entwickelt wurde. Sie vereint in ihren einzeln erscheinenden Blüten die Qualitäten zweier Arten, nämlich *Paphiopedilum spicerianum* und *Paphiopedilum insigne*. Ihr hübsches Laub ist rein grün.

Paphiopedilum Helvetia ►

Durch kreatives Kreuzen unter Verwendung vielblütiger Arten entstanden einige hervorragende Hybriden, die Büschel von Blüten an aufrechten Stielen hervorbringen. Bei dieser Sorte verleihen die schmalen, ausgebreiteten Kronblätter den hellgelben Blüten besondere Form und Charakter. Die Blüten halten sehr lange und erscheinen hauptsächlich im Winter.

◄ *Paphiopedilum* Actaeus

Diese Sorte mit ihren imposanten, prägnant schokoladenbraun gemusterten Blüten wird von Kennern sehr geschätzt und gilt manchmal, ähnlich wie ein guter Wein, als Ausdruck erlesenen Geschmacks. Im Winter einzeln am Stiel erscheinend, halten die eindrucksvollen, 10 cm großen Blüten viele Wochen.

◀ *Paphiopedilum* Tear Drop

Eine vergleichsweise neue Züchtungslinie hat die vielgestaltige Gattung um einen weiteren attraktiven Blütentyp bereichert. Die einzeln erscheinenden Blüten dieser Sorte sind goldgelb mit grüngelbem mittlerem Kelchblatt. Ihre Form ist sehr harmonisch. Wenn eine Blüte welkt, wird sie am selben Stiel fortlaufend durch die nächste ersetzt.

Paphiopedilum Les Laveurs ▼

Diese moderne klassische Hybride hat schön abgerundete Blüten mit breiten Kronblättern und großem mittlerem Kelchblatt. Im Zentrum befindet sich eine tiefrote Lippe. Die Kronblätter sind rötlich bronzefarben mit hellem Rand und glänzen wie gelackt. Das Laub ist rein grün.

Miltoniopsis

Die auch als Stiefmütterchen-Orchideen bekannten Miltoniopsis haben große, flache, meist duftende Blüten mit auffälliger, farbenprächtiger Lippe. Alle Arten wachsen in Höhenlagen, meist als epiphytische Pflanzen auf Bäumen. Obwohl die Gattung nur wenige Arten umfasst, spielen diese eine große Rolle für die heutigen Zimmerorchideen: Ihnen entstammen zahlreiche schön gefärbte Hybriden, die sich als pflegeleicht erwiesen haben. Die Blütenfarben reichen von Weiß über zahlreiche Rosanuancen bis zu tiefem Purpurrot und Gelb. Miltoniopsis zeichnen sich durch ihre großen, dekorativen Lippen aus. Diese weisen im Zentrum eine schmetterlingsförmige Markierung auf, die als Saftmal dient, um Insekten anzulocken. Oft wird dieses Mal von markanten Streifen oder anderen lebhaften Ornamenten umgeben; am bezauberndsten sind Zeichnungen, die sich wie Tropfen über der Lippe verteilen und einen „Wasserfalleffekt“ ergeben.

Miltoniopsis (Mil-ton-i-op-sis)

Deutscher Name: Stiefmütterchen-Orchidee. Fünf Arten, hauptsächlich in Kolumbien. Der Gattungsname wurde 1889 eingeführt, aber erst 1976 allgemein akzeptiert. Es gibt viele Hybriden; die Arten sind selten.

Alles über Miltoniopsis

Die hübschen stiefmütterchenähnlichen „Gesichter" der Miltoniopsis treten in vielen leuchtenden Farben auf. Wenn Orchideen dieser Gattung drinnen stehen und nicht in direkter Sonne, bieten sie ein- bis zweimal im Jahr ihr eindrucksvolles Schauspiel.

Die schönen, leuchtenden Blüten der Miltoniopsis halten drei bis vier Wochen.

Miltoniopsis haben hellgrüne, eiförmige Pseudobulben, mit einem einzelnen Blatt an der Spitze und zwei Blättern an der Basis, die die Pseudobulbe teilweise umhüllen. Die schmal länglichen Blätter sind hellgrün und färben sich mitunter blaugrün. Die Blütenstände entspringen am Grund der Pseudobulbe, anfangs geschützt von den unteren Blättern. Nachdem sie diesen entwachsen sind, können sie gestützt und aufgeleitet werden. Oft treiben zwei Blütenstände je Pseudobulbe; sie überragen die Blätter kaum und tragen bis zu sechs 10 cm breite Blüten. Die attraktiv gemusterte Lippe ist doppelt so groß wie die Kron- und Kelchblätter.

Die Hauptblütezeit liegt für gewöhnlich im Frühsommer, doch entfalten sich im Herbst oft nochmals Blüten, und der Flor hält drei bis vier Wochen lang an. Miltoniopsis bilden regelmäßig mehr als einen Neutrieb pro Saison und entwickeln sich so recht schnell zu breiten, vieltriebigen Pflanzen. Diese treiben mehrere Blütenstände zur selben Zeit oder in Folge, nachdem der Neuaustrieb zu Pseudobulben herangereift ist.

Klein anfangen

Diese dankbaren Pflanzen werden von Spezialgärtnereien öfter als junge Sämlinge oder Meristemklone angeboten. Falls Sie zwei oder drei Jahre Geduld aufbringen, kann es Freude machen, solch einer Pflanze zur Reife zu verhelfen und zu beobachten, wie sich die Pseudobulben jährlich vergrößern. Beim Kauf von Sämlingen, die individueller ausfallen, zeigt sich die genaue Farbtönung und -zeichnung erst beim Blühen.

Miltoniopsis können schon im Alter von zwei oder drei Jahren blühen, doch anfangs ist es besser, die Blütenstände zu entfernen, um Neutriebe zu fördern. Wenn Sie ganz gespannt auf den Flor sind, lassen Sie die Entwicklung einer Blüte zu, schneiden diese aber weg, sobald sie sich öffnet. Die Blüten junger Pflanzen sind noch nicht die schönsten, lassen aber die spätere Pracht erahnen.

MILTONIOPSIS PFLEGEN

Miltoniopsis lassen sich gut zusammen mit Phalaenopsis in einem Innenraum bei einer Mindesttemperatur von 13 °C halten. Sie haben keine ausgeprägte Ruhephase und können rund ums Jahr in ähnlicher Weise gepflegt werden.

Die Pflanzen sollten nie direktem Sonnenlicht ausgesetzt werden. Zu viel Licht kann den weichen Blättern schaden und Flecken oder Gelbfärbung verursachen. Aus demselben Grund ist es besser, das Laub nicht regelmäßig zu übersprühen, sondern es nur gelegentlich mit einem feuchten Tuch zu reinigen. Warten Sie mit dem Gießen nicht zu lange, sonst beginnen die Pseudobulben zu welken.

Die Pflanzen sollten nie ganz austrocknen, dürfen aber auch nicht vernässt werden. Zu viel Wasser führt zu Fäulnis der weichen Neutriebe, die sich auf die ganze Pflanze ausbreiten kann.

Umgetopft wird wie bei den Cymbidien (siehe S. 44–45), am besten regelmäßig etwa alle zwei Jahre. Miltoniopsis haben ein feines Wurzelsystem und bevorzugen Töpfe, die so klein sind wie möglich. Oft reicht der nächstgrößere Topf, um den Wurzelballen ungestört umzusetzen.

NÜTZLICHE TIPPS

STANDORT
In einem warmen Raum mit 13 °C Mindesttemperatur; kein direktes Sonnenlicht

IM FREIEN?
Nicht nach draußen stellen, auch nicht im Sommer

PFLEGE
Ganzjährig gießen, aber nicht vernässen. Die Blätter besser abwischen als übersprühen

UMTOPFEN
Alle zwei Jahre nach der Blüte umtopfen

GRÖSSE
Erwachsene Pflanzen bleiben unter einer Höhe von 50 cm, die Blüten haben bis zu 10 cm Durchmesser.

Miltoniopsis Venus

Hellrosa Blüten mit gelber Mitte und karmesinroten Streifen und Punkten, die strahlenartig über die Lippe verteilt sind – dies war die erste „Wasserfall"-Miltoniopsis; sie wurde vor fast 100 Jahren gezüchtet. Die Eltern sind *Miltoniopsis vexillaria*, von der die rosa Farbe stammt, und *Miltoniopsis phalaenopsis*, die den Wasserfalleffekt beisteuerte.

Miltoniopsis Rozel

Die tief burgunderfarbenen Kron- und Kelchblätter werden von einer weißen Lippe mit burgunderfarbenem Saum und markantem Wasserfallmuster dominiert. Die Hybride stammt aus der Eric Young Orchid Foundation, einer weltberühmten Gärtnerei auf Jersey, und wurde nach einem auf der Kanalinsel gelegenen Hafenstädtchen benannt. Die hervorragende Zimmerpflanze blüht bei guter Pflege zweimal im Jahr.

◀ *Miltoniopsis* Plemont Point

Die Grundfarbe Weiß ist auf den Kronblättern weitgehend von hellem Karminrot überzogen. In demselben Ton präsentiert sich das auch als Maske bezeichnete Ornament der Lippe. Das goldgelbe Saftmal in der Mitte lockt Insekten zur Säule mit den Pollen.

Miltoniopsis Jersey ▼

Das Weinrot der Blüte läuft an den Rändern von Kelchblättern und Lippe in Weiß und Rosa aus. Die ganze Blüte wirkt samtig weich. Das attraktive Laub ist zart graugrün und signalisiert, dass die Pflanze, deren Stammart im kolumbianischen Regenwald wächst, keine direkte Sonne verträgt.

NÜTZLICHE TIPPS

STANDORT
In einem warmen Raum, ohne direktes Sonnenlicht

IM FREIEN?
Nicht nach draußen stellen, auch nicht im Sommer

PFLEGE
Ganzjährig gießen, dabei aber nicht vernässen

UMTOPFEN
Alle zwei Jahre nach der Blüte

GRÖSSE
Erwachsene Pflanzen bleiben unter einer Höhe von 50 cm, die Blüten haben einen Durchmesser von bis zu 10 cm.

▲ *Miltoniopsis* Nancy Binks

Bei dieser Orchidee sind die rosavioletten Kronblätter leicht zurückgerollt, ihre mittlere Ader hebt sich dunkel weinrot hervor. Auf der vorgewölbten Lippe ist die „Wasserfallzeichnung" zu einer dichten Farbfläche verschmolzen.

◀ *Miltoniopsis* Hudson Bay

Die weiße, apart eingefärbte Blüte hat eine in zartem Rosa gemusterte Lippe. Selbst kleinere Pflanzen bringen Blüten in ständiger Folge hervor, die sich jeweils sechs bis acht Wochen halten. Hier warten zwei weitere Blütenstände mit jungen Knospen darauf, sich bald zu öffnen.

Miltoniopsis vexillaria ▶

Diese sehr selten gewordene duftende, lachsrosafarbene Art ist ein Sammlerstück. Die botanische Kostbarkeit stand bei den meisten modernen Hybriden Pate.

◀ *Miltoniopsis* Herralexandre

Große cremeweiße Blüten mit markantem Gelb- und Purpurmuster zeichnen diese Hybride aus.

Miltonien und Brassien

Miltonien sind in letzter Zeit sehr populär geworden – vor allem, weil sie sich gut kreuzen lassen; insbesondere mit Brassien. Beide Gattungen sind nicht sehr umfangreich; die intensive Züchtung mit nur wenigen Arten bescherte uns die heutigen Hybriden, wozu auch herrliche Gattungshybriden der *Odontoglossum*-Gruppe gehören. Brassien sind die kräftigeren Pflanzen, die Miltonien bleiben kleiner als viele andere Orchideen. Sie haben oft nur ein oder zwei geöffnete Blüten, die über einen langen Zeitraum ständig durch neue ersetzt werden. Durch das Kreuzen mit Brassien erzielte man größere und vielblütige Pflanzen. Diese neuen Hybriden sind sehr robust und tolerieren einen weiten Temperaturbereich. Sie bezaubern mit atemberaubenden Blüten in großen Ständen: bei *Brassia*-Hybriden in feinen Pastellnuancen oder in Grün und Braun; der *Miltonia*-Einfluss hingegen zeigt sich in lebhaft leuchtenden Rot- und Brauntönen.

Brassia (Bras-si-ah)

Deutscher Name: Spinnen-Orchidee. Der botanische Name geht auf den botanischen Illustrator William Brass zurück. Die Gattung wurde 1813 benannt. 35 Arten im tropischen Mittel- und Südamerika (Abb. links).

Miltonia (Mil-ton-i-ah)

Deutscher Name: Stiefmütterchen-Orchidee. Der botanische Name geht auf Viscount Milton zurück, einen Orchideenzüchter des 19. Jahrhunderts. Die Gattung wurde 1837 benannt. Zehn Arten, hauptsächlich in Brasilien (Abb.S. 105).

Alles über Miltonia- und Brassia-Hybriden

Dank Hybridzüchtung gibt es von diesen Orchideen heute eine vielfältige Auswahl an vitalen, prächtigen Pflanzen, die in der Wohnung gedeihen.

Hoch im Regenwald
Costa Ricas wächst diese Brassie mit den charakteristischen „Spinnen"-Kronblättern.

An einem leicht beschatteten Platz bei mittleren Temperaturen fühlen sich diese Hybriden im Haus am wohlsten. Sie sind robust und haben eiförmige bis längliche, glänzend grüne Pseudobulben mit einem Paar langer, schmaler Blätter an der Spitze. Sie wachsen schnell zu stattlichen Exemplaren heran, die einen großen Topf – mit bis zu 25 cm Durchmesser – brauchen. Sie können die Pflanzen im Zaum halten, indem Sie sie alle drei oder vier Jahre teilen. Bei genügend Platz wirken große Pflanzen allerdings schöner; sie zeigen mehrere voll geöffnete Blütenstände zur selben Zeit.

Die Blüten

Brassien sind wegen des Aussehens ihrer Blüten auch als Spinnen-Orchideen bekannt. Die schmalen Kron- und Kelchblätter der aparten, duftenden Blüten sind bis zu 12 cm lang. Bei reinen Brassia-Hybriden herrschen reizvolle Grüntöne vor, oft überzogen von einer dunkleren Farbe oder braunen Punkten. Reine *Miltonia*-Hybriden blühen häufig weiß oder in Rosa- und Rotschattierungen, mit gemusterter Lippe.

Das Auslesen von *Miltonia*- und *Brassia*-Gattungskreuzungen über viele Generationen brachte eine erstaunliche Vielfalt an Formen und Farben hervor. Aufgrund ihrer komplexen Herkunft blühen die Pflanzen oft zu unterschiedlichen Jahreszeiten, mit Ausnahme der reinen Brassien, die im Sommer blühen. Bei allen hält der Flor mindestens vier bis sechs Wochen an.

Umtopfen

Topfen Sie diese Orchideen alle zwei Jahre um (siehe hierzu S. 44–45). Lässt man sie zu lange im selben Topf, überragen ihre großen Pseudobulben den Topfrand, und die Wurzeln quellen darüber. Das erschwert Wachstum und Pflege der Pflanzen.

Teilen Sie die Hybriden, wenn sie zu groß und unhandlich werden. Jedes Teilstück sollte wenigstens drei Pseudobulben und einen Neutrieb aufweisen. Schneiden Sie beim Umtopfen ältere Pseudobulben weg, und setzen Sie diese in separate Töpfe. Aus ihnen können neue Pflanzen entstehen, die in vier bis fünf Jahren blühen.

DIE GESCHICHTE EINER HYBRIDE

Eine der wohl atemberaubendsten Hybriden ist x Beallara (siehe S. 103), eine von Menschenhand geschaffene Multihybride aus vier Gattungen: *Miltonia* x *Brassia* x *Odontoglossum* x *Cochlioda*. Die Pflanzen dieser Züchtung bringen große Blütenstände mit bis zu einem Dutzend 9 cm großer, sternförmiger Blüten hervor. Die Kelchblätter sind zugespitzt, die Kronblätter im Zentrum attraktiv gemustert wie die meisten Odontoglossen. Die Lippe ist groß, gekraust und unterschiedlich verziert. Eine häufige und gern gesehene Kombination sind rote Tupfen auf Weiß.

BRASSIEN
NÜTZLICHE TIPPS

STANDORT
An einem hellen Fensterplatz, aber ohne direkte Sonne. Nächtliche Mindesttemperatur 13 °C, tagsüber höchstens 30 °C

IM FREIEN?
Nicht nach draußen stellen

PFLEGE
Ganzjährig leicht feucht halten und düngen (im Winter jedoch seltener)

UMTOPFEN
Alle zwei Jahre nach der Blüte umtopfen, wenn nötig, teilen

GRÖSSE
Erwachsene Pflanzen werden bis zu 45 cm hoch, Kron- und Kelchblätter bis zu 15 cm lang.

MILTONIAS
NÜTZLICHE TIPPS

STANDORT
An einem hellen Fensterplatz, aber ohne direkte Sonne. Nächtliche Mindesttemperatur 13 °C, tagsüber höchstens 30 °C

IM FREIEN?
Nicht nach draußen stellen

PFLEGE
Ganzjährig leicht feucht halten und düngen (im Winter jedoch seltener)

UMTOPFEN
Alle zwei Jahre nach der Blüte umtopfen, wenn nötig, teilen

GRÖSSE
Erwachsene Pflanzen werden bis zu 45 cm hoch, die Blüten haben einen Durchmesser von bis zu 10 cm.

x *Beallara* Tahoma Glacier ▶

Eine komplexe Hybride aus den vier Gattungen *Brassia*, *Cochlioda*, *Miltonia* und *Odontoglossum*. Den *Brassia*-Einfluss kann man am geschwungenen Blütenstiel und den spitzen Kron- und Kelchblättern erkennen; *Miltonia* steuerte die prächtige Zeichnung im Blütenzentrum bei.

x *Sanderara* Rippon Tor ▲

Dies ist eine Multihybride, die aus Kreuzungen der drei Gattungen *Brassia*, *Cochlioda* und *Odontoglossum* hervorging. Auf den *Brassia*-Ursprung deutet wenig hin, außer vielleicht der geschwungene Blütenstiel. Ansonsten erinnert die Hybride vielmehr an ihren *Odontoglossum*-Vorfahren.

▲ *Brassia* Rex

Dies ist eine ziemlich alte, aber immer noch sehr populäre und für die Gattung typische Hybride. Die Blüten zeigen extrem schmale, hellgrüne Kron- und Kelchblätter, die zur Mitte hin dunklere Punkte zieren. Sie kommen am schönsten zur Geltung, wenn man die Blütenstände in natürlicher Anmut überhängen lässt.

◄ x *McLellanara* St. Ouen

Kombiniert aus *Brassia*, *Oncidium* und *Odontoglossum*, wurde diese dekorative Sorte umgehend zum Erfolg. Der Grundton ist ein ins Creme gehendes Gelb; ein schokoladenbraunes Muster überzieht Kron- und Kelchblätter. Die Blüten sind groß, die Pflanze wächst kräftig.

◀ *Miltonia spectabile*

Diese schöne, aus Brasilien stammende Art ist heute selten, hat sich aber als höchst erfolgreiche Elternart ausgezeichneter Hybriden bewährt. Ihre Kreuzungen mit Brassia heißen x *Miltassia*.

Brassia Edvah Loo ▶

Bei den außergewöhnlichen Blüten dieser Spinnen-Orchidee hängen die langen Kronblätter bis zu 15 cm unter der Lippe herab. Die elegant schlanken, hell gelbgrünen Kron- und Kelchblätter umrahmen eine zugespitzte weiße Lippe. Durch die Anordnung der Blüten ergibt sich eine faszinierende asymmetrische Wirkung.

Die Cattleya-Gruppe

Cattleyen sind selten einfach nur Cattleyen! Vielmehr führen sie eine große Riege verwandter Pflanzen an, die unter der Bezeichnung *Cattleya*-Gruppe bekannt ist. Dazu zählen zahlreiche natürliche Gattungen wie *Laelia* und *Sophronitis* sowie züchterisch geschaffene Gattungen. Oft werden sie alle unter dem Begriff Cattleyen zusammengefasst, zumal sie dieselben Standort- und Pflegeansprüche haben. Cattleyen sind überwiegend epiphytische Pflanzen und in Mittel- und Südamerika heimisch. An ihren Naturstandorten können sie zu gewaltigen Exemplaren mit einem Durchmesser von über einem Meter heranwachsen – ein beeindruckender Anblick, der sich den Orchideenforschern der ersten Stunde im tropischen Regenwald noch häufig bot. Bei den Arten sind Rosa, Lila und Kirschrot sowie Weiß und Gelb die Hauptblütenfarben. Durch Hybridzüchtung hat sich diese Palette intensiviert und vergrößert. Die Blüten sind groß und prächtig, mit sehr auffälligen, apart gemusterten und gekrausten Lippen sowie einer geradezu kristallinen Leuchtkraft. *Cattleya* wird auch als „Königin der Orchideen“ bezeichnet.

Cattleya (Kat-le-ja)

Die Gattung wurde 1821 nach William Cattley, einem englischen Orchideengärtner, benannt. Etwa 50 Arten in Südamerika. In Kultur sind hauptsächlich Gattungshybriden anzutreffen.

Alles über Cattleyen

Die zauberhaften, lang haltenden Blüten und ihre weitgehend einfache Pflege haben Cattleyen zu großer Popularität verholfen. Die größeren, zweiblättrigen Formen weisen zahlreiche kleine Blüten, die einblättrigen weniger, aber sehr große Blüten auf.

Mit leuchtend kirschroten Blüten besticht × *Laeliocattleya* 'Secret Love'. Diese zweiblättrige Semi-Miniaturhybride blüht im Sommer; die Blüten halten bis zu drei Wochen.

Die kräftigen Pflanzen bilden stämmige längliche Pseudobulben mit – je nach Wuchstyp – einem oder zwei ovalen, ledrigen Blättern. Die Größe variiert zwischen maximal 15 cm hohen Miniatursorten und bis zu 60 cm hohen Exemplaren. Der Spitze der Pseudobulbe, an der Basis des Blatts, entspringen kurze Blütenstände mit bis zu vier duftenden Blüten. Anfangs sind sie durch eine grüne Scheide geschützt, die schließlich von den anschwellenden Knospen durchbrochen wird und der Länge nach aufreißt.

Die Blüten präsentieren sich bis zu vier Wochen in voller Pracht. Sie haben einen Durchmesser von 10 bis 13 cm mit ungefähr gleich großen Kron- und Kelchblättern und einer üppigen, gewöhnlich die Blüte dominierenden Lippe. Diese hat typischerweise einen gekrausten Rand und eine schön kontrastierende, meist violette Färbung.

An der Basis der Pflanzen ist das verdickte Rhizom deutlich zu sehen. Daran sitzen die Pseudobulben mit etwa 2,5 cm Abstand zueinander. Die Pflanzen bilden ein dickes, kräftiges Wurzelsystem, das oft erst mit dem Wachstum einsetzt, wenn die jüngste Pseudobulbe halbwegs ausgereift ist. Cattleyen dehnen sich meist mit dem Wachstum aus, häufig überragen dann die Wurzeln den Topfrand. Ab diesem Stadium werden alle neuen Wurzeln als Luftwurzeln angelegt und hängen über wie ein dicker weißer Bart. So können Cattleyen mehrere Jahre wachsen, bevor sie schließlich umgetopft und eventuell durch Teilung verkleinert werden. Je größer die Pflanze, desto besser blüht sie.

Cattleyen haben einen jahreszeitlichen Wuchs- und Blührhythmus: Die meisten entfalten ihre Blüten jedes Jahr zur selben Zeit, gewöhnlich im Frühjahr oder Herbst. Wenige Cattleyen blühen in den warmen Sommermonaten, während sich die Pseudobulben noch entwickeln. Viele beginnen mit dem Neutrieb eher im Herbst als im Frühjahr und blühen dann etwa zwölf Monate später.

Heute gibt es Cattleyen in großer Auswahl, mit vielen neuen, aufregenden Sorten. Bevorzugen Sie die kleineren Hybriden, die weniger Platz brauchen.

AM NATURSTANDORT

Cattleya violacea, früher eine verbreitete Art, ist heute selten. Die Pflanze wächst in tropischen Wäldern Süd- und Mittelamerikas auf Baumästen und krallt sich mit ihren dicken Wurzeln in die Borke. Weit oben wird sie durch das Laubdach vor greller Sonne geschützt. In der Trockenzeit, wenn die Bäume einen Teil der Blätter verlieren, haben die Orchideen ihre Ruhephase.

NÜTZLICHE TIPPS

STANDORT
In einem warmen Raum bei einer nächtlichen Mindesttemperatur von 13 °C. Hell, aber ohne direktes Sonnenlicht

IM FREIEN?
Im Sommer an einem halbschattigen Platz möglich

PFLEGE
In der Ruhezeit sehr sparsam gießen, in der Wachstumszeit kräftig. Blätter im Sommer besprühen.

UMTOPFEN
Nach der Blüte; erst wenn die Pflanze für den Topf zu groß ist

GRÖSSE
Erwachsene Pflanzen werden zwischen 15 und 60 cm hoch, die Blüten haben einen Durchmesser zwischen 10 und 13 cm.

Cattleyen pflegen

Diese Orchideen haben deutliche Wuchs- und Ruhephasen. Die Art der Pflege richtet sich nach dem individuellen Rhythmus jeder einzelnen Pflanze.

Cattleya mit jungem Neutrieb (rechts am Fuß des Stängels). Gegenüber (links am Stängel) ist ein schlafendes Auge angelegt, das nur austreibt, falls der Neutrieb beschädigt wird.

Cattleyen mögen viel Licht und einen Platz, an dem die Temperaturen für ein paar Monate im Jahr nachts auf 13 °C sinken. Im Sommer gedeihen sie bei Temperaturen bis 30 °C. Bei großer Wärme muss die Luftfeuchtigkeit entsprechend hoch sein; da diese Voraussetzung im Haus nicht immer gegeben ist, ist ein Wintergarten geradezu ideal.

Die Orchideen brauchen zwar viel Licht, um gut zu blühen, unter direkter Sonneneinstrahlung weisen die Blätter jedoch schnell Verbrennungen auf. In warmen Sommern können Cattleyen, geschützt vor Regen, auch draußen stehen. Sorgen Sie durch regelmäßiges Übersprühen für Luftfeuchtigkeit.

In kühleren Regionen sind Cattleyen nicht ganz einfach zu halten. Doch wo man ihnen genug Licht, Feuchtigkeit und Wärme bieten kann, gedeihen sie in der Wohnung gut.

Gießen im Jahreslauf

Nach der Blüte geht die Pflanze über in ihre Ruhephase, die Wochen oder gar Monate dauern kann. Luftwurzeln außerhalb des Topfs stellen das Wachstum ein, und ihre grünen Spitzen umhüllen sich mit Velamen, einer weißen, papierartigen Schicht. Gießen Sie während dieser Zeit nur so viel, dass die Pseudobulben prall bleiben. Als Faustregel gilt in diesem Zusammenhang: Die Wassergaben etwa auf die Hälfte reduzieren; so steht die Pflanze die meiste Zeit relativ trocken. Die Pseudobulben dürfen jedoch nicht welken.

Ausgelöst durch Licht oder höhere Temperaturen beendet die Pflanze ihre Ruhephase und bildet einen kräftigen Neutrieb an der Basis der vorherigen Pseudobulbe. Etwa zur selben Zeit nehmen die Wurzeln das Wachstum wieder auf. Dies signalisiert, dass Sie wieder normal gießen können.

Nun ist, falls nötig, auch ein guter Zeitpunkt zum Umtopfen – umgetopft wird wie bei den Cymbidien (siehe S. 44–45). Düngen Sie bei jeder zweiten Wassergabe.

Gießen Sie nach dem Umtopfen zurückhaltend und erst, wenn die neuen Wurzeln wachsen, kräftig. In der Wuchsphase brauchen Cattleyen reichlich Wasser. Bei genügend Wärme können Sie die Blätter besprühen oder benebeln; achten Sie aber darauf, dass kein Wasser an die Basis des Jungtriebs

CATTLEYEN GIESSEN

Stadium	Gießmenge	Düngen
Ruhephase	nur so viel, dass die Pseudobulben prall bleiben	gar nicht
Wuchsbeginn neuer Blätter und Wurzeln	reichlich gießen, bei Wärme Blätter besprühen oder benebeln	bei jedem zweiten Gießen
Blüten geöffnet	eher trocken halten	bei jedem zweiten Gießen
nach dem Umtopfen	gering, bevor neue Wurzeln wachsen	bei jedem zweiten Gießen

Das Rhizom lässt sich zerteilen, ohne, dass die Pflanze aus dem Topf genommen werden muss. Schneiden Sie so, dass jedes Teilstück mindestens vier Pseudobulben aufweist. Bei Zertrennen im Herbst bildet jedes Teilstück bis zum Frühjahr neue Triebe und kann dann separat getopft werden.

oder in die Blattscheiden gelangt. Gegen Ende der Wuchsperiode sollten die neuen Pseudobulben, die sich während der letzten Monate entwickelt haben, prall sein und die Größe ihrer Vorgänger erreicht haben. Kleinere Pseudobulben sind ein Anzeichen dafür, dass Sie nach einem Platz suchen sollten, an dem die Orchidee besser gedeiht. Wächst eine große Pseudobulbe stark abgewinkelt, so lässt sie sich unter Zuhilfenahme eines Stützstabs in aufrechte Stellung bringen.

Sobald sich die Knospen entwickeln, übersprühen Sie die Blätter nicht mehr; so vermeiden Sie, dass die Knospen vorzeitig gelb werden. Nachdem sich die Blüten geöffnet haben, halten Sie die Pflanze eher trocken, und vermeiden Sie zu helles Licht – dann haben Sie länger Freude an den Blüten. Ein Zuviel an Feuchtigkeit kann zu fleckigen, missgestalteten Blüten führen.

Cattleyen teilen

Cattleyen wachsen kräftig und entwickeln sich zu vieltriebigen Pflanzen mit Sprossen, die in verschiedene Richtungen weisen. Die Orchidee lässt sich aber in kleinere Pflanzen zerteilen. Achten Sie dabei darauf, dass jedes Teilstück wenigstens vier Pseudobulben aufweist. Wenn Sie das Umtopfen frühzeitig planen und das holzige Rhizom bereits sechs Monate zuvor zertrennen (siehe Bildunterschrift oben), verträgt die Pflanze die Prozedur besser. Bis zum Umtopfen hat sie sich dann gut erholt, zuvor abgetrennte Pseudobulben bilden bereits neue Triebe und sind als separate Teilstücke gut lebensfähig.

▼ x *Laeliocattleya* Drumbeat

Die Abbildung zeigt die typische Färbung dieser extravaganten Orchideenart. Die gekrausten Kronblätter greifen das zarte Lila der Kelchblätter auf, die gerüschte Lippe ist tief karminrot mit zwei schmalen gelben Malen zur Mitte hin. Dies ist eine einblättrige (unifoliate) Sorte, das heißt, jede Pseudobulbe bringt nur ein Blatt hervor.

x *Brassolaeliocattleya* Fortumate ▶

Diese exquisite Sorte demonstriert, dass einfarbige Blüten ebenso beeindrucken können wie Farbkombinationen. Die Blüten präsentieren sich in intensiv leuchtendem Gelb, einem Farbton, den man bei dieser Gattung selten findet. Die rundliche Lippe trägt zum harmonischen Blütenaufbau bei.

◀ x *Brassolaeliocattleya* Albion

Die gerüschte Lippe und der wellige Umriss dieser rein weißen Blüte verraten den Ursprung dieser Pflanze: *Brassavola digbyana*, eine Art, die man heranzog, um aparte großblütige Hybriden zu züchten. Obwohl diese Orchidee schon weit von der Stammart entfernt ist, erkennt man deren Merkmale noch deutlich.

▼ *Cattleya* Amethyst Rose

Die eleganten Blüten mit schlanken Kronblättern enthüllen die Ähnlichkeit zur Ursprungsart, von der diese Hybride nicht allzu weit entfernt ist. Die eher zierlichen Blüten sind weiß mit einem zarten rosa Hauch, die Lippe zeigt ein Lachsrosa. Bei dieser zweiblättrigen (bifoliaten) Sorte entspringen jeder Pseudobulbe zwei Blätter.

Cattleya Winter's Lace

Mit bis zu vier großen Blüten je Blütenstand bezaubert diese Orchidee. Wie ein Wattebausch wirkt die weiße Blüte, die sich im Zentrum der Lippe goldgelb schmückt.

x *Potinara* Rebecca Merkel

Atemberaubendes kann entstehen, wenn dem Trio *Cattleya*, *Laelia* und *Brassavola* eine weitere Dimension hinzugefügt wird: Das zusätzliche Einkreuzen der Art *Sophronitis coccinea* brachte diese bemerkenswert intensiv rote Hybride hervor. Die Blüten sind kleiner als bei vielen anderen Orchideen dieser Gruppe, doch überzeugt diese schöne Sorte durch ihre kräftige Farbe.

◀ x *Laeliocattleya* Breen's Jenny Ann

Diese wundervolle rote und weiße Blüte entstand unter Verwendung von Albinoformen der Ursprungsart, mit denen man eine Linie von weißen oder „semi-alba"-Varianten züchtete. Die Kronblätter sind milchig weiß, die Lippe dagegen ist fast ausschließlich karminrot. Einziger weiterer Dekor: ein gelber Fleck in der Mitte.

x *Laeliocattleya* Elizabeth Fulton ▶

Diese bezaubernde Orchidee hat einen bemerkenswerten Farbkontrast zu bieten: mit einer kräftig roten Lippe, die sich von den grüngelben Kelchblättern und den zart rot überhauchten, honiggelben Kronblättern abhebt. Die kleine, kompakte Lippe ist nur schwach gekraust.

◀ *Cattleya* Bahaiana

Ausgesprochen dekorativ, bringt diese Orchidee vier Blüten je Stand hervor. Die Blüten sind für die Gattung nicht besonders groß, dafür schmücken sich die Kelchblätter fröhlich mit roten Flecken auf hellem Grund. Die ungewöhnlichen Kronblätter ahmen die Lippe nach, sodass es aussieht, als hätte die Blüte drei Lippen.

x *Laeliocattleya* Ocarina 'Fascination' ▼

Bei dieser herrlichen Blüte mit ihren breiten Kronblättern bringt die aparte gelbe Färbung die tief karminrote Lippe mit goldgelbem Rand besonders gut zur Geltung. Steht die Orchidee an einem kühlen, beschatteten Platz, so kann man sich an ihren großen Blüten bis zu vier Wochen erfreuen.

x *Brassolaeliocattleya* Memoria Dorothy Bertsch ▼

Ähnlich gezüchtet wie x *Brassolaeliocattleya* 'Albion', haben diese klar konturierten Blüten eine kaum gekrauste Lippe. Die Kron- und Kelchblätter sind schmal, die zart gefärbte Lippe ist rundlich. Diese Orchideen werden mit ihren kräftigen Pseudobulben mitunter ziemlich groß.

x *Laeliocattleya* Pandora Bracey ▶

Auf den Kronblättern dieser schönen Sorte spiegelt sich das kräftige Hellviolett der Lippe in großen Flecken wieder – so, als wären es Farbspritzer. Am schönsten wirken die herrlichen Blüten, wenn der Blütenstand mit einem Stab gestützt wird. Die Blüten halten etwa drei Wochen.

Dendrobien

Dendrobium ist eine der größten Orchideengattungen. Aufgrund der gewaltigen Artenzahl können Aussehen und Wuchsverhalten stark variieren. Dieses Kapitel stellt zwei Hauptgruppen von Hybriden vor, die verbreitet angeboten werden, die _Dendrobium-nobile_-Gruppe (kurz: Nobile-Gruppe) und die _Dendrobium-phalaenopsis_-Gruppe (kurz: Phalaenopsis-Gruppe). Die Erstere wurde aus einer kleinen Zahl indischer Arten gezüchtet, unter denen _Dendrobium nobile_ die bedeutendste ist. Ihre rundlichen Blüten präsentieren sich in Weiß oder in Rosa-, Lila- und Gelbtönen. Hybriden der Phalaenopsis-Gruppe, wie die hier abgebildete, entstammen verschiedenen Arten aus Australien und Neuguinea. Ihre Blüten bieten eine vielfältige Farbpalette, von Weiß und Gelb über Rosa und Rot bis zu intensivem Violett.

Dendrobium (Den-dro-bi-um)

Der aus dem Griechischen abgeleitete Name bedeutet „auf dem Baum lebend". Die Gattung wurde 1799 benannt. Etwa 900 bekannte Arten von China bis Neuseeland. Kultiviert werden manche Arten und zahlreiche Hybriden.

Alles über Dendrobien

In der Natur wachsen Dendrobien auf Baumästen, von denen ihre stängelartigen Pseudobulben herabhängen. Auch die modernen Hybriden zeigen so ihren epiphytischen Ursprung, wenn man sie nicht beim Wachsen aufbindet.

Der bezaubernde gelbe Blütenstand von *Dendrobium* 'Thongchia Gold' wirkt halb aufrecht gebunden am schönsten.

Mit ihren glänzend grünen Blättern und frischgrünen Pseudobulben zählen Dendrobien zu den schönsten Orchideenpflanzen.

Dendrobium-nobile-Gruppe

Diese Hybriden bilden bis zu 45 cm lange, stängelartige, gegliederte Pseudobulben, denen kurze, ovale Blätter anliegen. Pseudobulben und Blätter sind mittelgrün, im Alter werden sie gelb und welk. Bei den meisten Hybriden verlieren die älteren Pseudobulben nach zwei oder drei Jahren ihre Blätter.

Im Frühjahr und Frühsommer erscheinen ein oder zwei Blüten an sehr kurzen Stielen direkt am Stängel, also an der Pseudobulbe. Sie können sich über die gesamte Länge des Stängels entfalten, immer gegenüber einem Blatt. Ältere Pseudobulben blühen so lange weiter, bis sich sämtliche Augen entwickelt haben.

Die Kron- und Kelchblätter der Blüten sind gleich groß, die Lippe ist rund. Typisch sind weiße Blüten mit rosa oder lila Kronblattspitzen; die Lippe hat oft eine kräftig gefärbte, gelb umrandete Mitte. Die zahlreichen dünnen, weißen Wurzeln können den Topfrand überwallen.

Dendrobium-phalaenopsis-Gruppe

Auch diese Hybriden haben lange, stängelähnliche Pseudobulben. Sie sind härter, weniger fleischig und zu zwei Dritteln ihrer Länge von Blättern umhüllt. Die mittel- bis dunkelgrünen Blätter sind spitz eiförmig. Die Pflanzen erreichen eine Höhe von 30 bis 60 cm. Ab dem Frühjahr treiben Blütenstände an der Spitze reifer Pseudobulben; diese können bis zu 30 cm lang werden und tragen etwa ein Dutzend 5 cm breiter, farbenfroher Blüten. Teils haben Kron- und Kelchblätter dieselbe Größe wie die zugespitzte Lippe. An anderen Pflanzen sind sie schmal und bandartig verdreht. Gelbe Blüten zeigen oft eine kontrastierende rote bis violette Lippe.

Diese Orchideen behalten ihr Laub einige Jahre und werfen dann mehrere Blätter auf einmal ab. Bei gesunden Pflanzen sollten die meisten Pseudobulben beblättert sein.

WILDE VORFAHREN

In der Natur treten Dendrobien in vielen Formen und Größen auf – von nur wenige Zentimeter hohen Winzlingen (siehe Abb. rechts) bis zu riesigen, bis 150 cm hohen asiatischen Arten. Alle Dendrobien wachsen als Epiphyten auf Bäumen. Viele überdauern lange Trockenperioden durch Wasserspeicherung in den Pseudobulben und werfen während dieser Zeit die Blätter ab.

Dendrobium vannouhuusii, Neuguinea

NÜTZLICHE TIPPS

STANDORT
Heller Fensterplatz ohne direkte Sonne, im Winter möglichst sehr hell. Phalaenopsis-Gruppe im Winter bei mindestens 18 °C, Nobile-Gruppe im Winter kühl, bei mindestens 10 °C. Beide gedeihen im Sommer bei maximal 30 °C.

IM FREIEN?
Phalaenopsis-Gruppe nie nach draußen stellen. Für Nobile-Gruppe im Sommer möglich

PFLEGE
Den ganzen Sommer gießen und besprühen, aber nicht vernässen. Nobile-Gruppe in den Wintermonaten trocken halten

UMTOPFEN
Nur wenn nötig; nach der Blüte

GRÖSSE
Erwachsene Pflanzen werden bis zu 60 cm hoch, die Blüten haben einen Durchmesser von bis zu 10 cm.

Dendrobien pflegen

Diese Orchideen brauchen einerseits einen sehr hellen Standort, andererseits je nach Wachstums- bzw. Ruhephase im Sommer bzw. Winter einen deutlichen Licht- und Temperaturunterschied.

Hybriden der Phalaenopsis-Gruppe gedeihen am besten unter tropischen Bedingungen, bei hohen Temperaturen und unter guten Lichtverhältnissen. Sie legen eine nur schwach ausgeprägte Ruhezeit ein. Während der Wintermonate sollten sie etwas kühler stehen, bei einer nächtlichen Mindesttemperatur von 18 °C.

Hybriden der Nobile-Gruppe haben eine deutliche Ruhephase; im Winter sollte die Temperatur nachts auf 10 °C fallen, tagsüber auf etwa 15 °C steigen. Im Sommer brauchen sie Temperaturen bis 30 °C, damit die langen Pseudobulben während der Wachstumsphase gut ausreifen können.

VERMEHREN EINER DENDROBIE

Dendrobien der Nobile-Gruppe lassen sich teils recht gut über Pseudobulben vermehren. Wählen Sie dafür eine ältere, blüten- und blattlose, aber noch grüne, pralle Pseudobulbe. Schneiden Sie diese unten weg, und zerteilen Sie sie in zwei 5 cm lange Stücke. Tauchen Sie alle Schnittstellen zur Desinfektion kurz in Schwefelpulver ein. Befüllen Sie einen Topf zur Hälfte mit Substrat, setzen Sie die Schnittlinge am Topfrand aufrecht ein, und drücken Sie diese mit dem unteren Ende in das Substrat. Stellen Sie den Topf in das untere Teil einer halbierten Plastikflasche; deren Oberteil wird dann – ohne Deckel – als Verdunstungsschutz darübergestellt. Nach einigen Wochen beginnen einige der Schnittlinge zu wachsen. Ihre neuen Pflanzen werden in ein paar Jahren blühen.

Winterstandort und -pflege

Sind die neuen Pseudobulben zum Ende der Wachstumsphase ausgereift, kommen die Pflanzen an ihren kühleren Winterplatz, der sehr hell sein sollte. Ideal ist ein Wintergarten oder Gewächshaus mit Heizung, wo von allen Seiten Licht an die Pflanze kommt. Standen die Dendrobien im Sommer etwas dunkler, können wegen des plötzlich stärkeren Lichteinfalls Blattvergilbungen auftreten. Diese verschwinden mit Beginn der normalen Wasser- und Düngerversorgung im Frühjahr wieder.

Gießen Sie Pflanzen der Phalaenopsis-Gruppe im Winter nur gelegentlich, Pflanzen der Nobile-Gruppe noch weniger. Man wässert am besten erst, wenn Pseudobulben leicht zu „schrumpeln" beginnen – idealerweise sollten sie den ganzen Winter über bei minimaler Wasserzufuhr prall bleiben. Welken sie zu stark, kann sich im Frühjahr der Neutrieb verzögern und die Blüte beeinträchtigt werden.

Pflege im Frühling und Sommer

Im Lauf des Frühlings schwellen bei Pflanzen der Nobile-Gruppe die Knospen entlang der stängelartigen, gegliederten Pseudobulben an und zeigen sich als kleine grüne „Knöpfe". Bei der Phalaenopsis-Gruppe beginnen die Blütenstände an der Spitze der Pseudobulben zu wachsen.

Gießen Sie nun etwas mehr, aber noch zurückhaltend. Bei zu viel Wasser wachsen aus den Knospenanlagen anstelle von Blüten Seitentriebe, die sogenannten Kindel. Erst wenn sich Blütenknospen sicher identifizieren lassen, wird wieder normal gegossen. Sobald neue Triebe an der Pflanzenbasis zu sehen sind, kann mit jeder zweiten Wassergabe auch gedüngt werden.

Wenn sich die Knospen gut entwickelt haben und die Neutriebe mehrere Zentimeter gewachsen sind, können Sie die Pflanze bis zum Ende der Blüte in Ihren bevorzugten Raum stellen. Der Platz sollte warm und kann leicht beschattet sein. Dendrobien brauchen beim Wachsen mehr Licht als die meisten anderen Orchideen, aber keinesfalls direkte Sonne. Damit die Pflanze beständig weiterwächst, wird sie jetzt regelmäßig mit Wasser und Dünger versorgt. Übersprühen Sie das Laub öfter, um so die Luftfeuchtigkeit zu erhöhen. Die Temperatur sollte nun nachts etwa 5 °C höher liegen als im Winter und kann tagsüber bis 30 °C erreichen.

Bis zum Winter sollten die stängelartigen Pseudobulben ihr Wachstum abgeschlossen haben. Gießen Sie weiterhin, aber nach und nach weniger, bis sich schließlich das Blatt an der Spitze zeigt (siehe Bild rechts oben).

Die Triebspitze der Pflanze links im Bild ist noch am Wachsen. Die Pflanze rechts außen hat ihr Wachstum abgeschlossen, was man am aufrechten, endständigen Blatt an der Spitze erkennen kann.

Wann sollte umgetopft werden?

Bei Dendrobien erscheint der Topf immer als etwas zu klein. Es wäre jedoch ein Fehler, die Pflanzen in ein wesentlich größeres Gefäß zu topfen, da in diesem Fall die Gefahr des Übergießens groß ist. Topfen Sie Dendrobien nur um, wenn es absolut nötig ist – und dann unmittelbar nach der Blüte. Eine Dendrobie kann drei bis vier Jahre ungestört in ihrem Topf verbleiben und dann immer noch Platz für Neutriebe haben. Achten Sie darauf, dass Sie die Pflanze an der Basis nicht zu tief einsetzen. Muss sich der Neutrieb erst durch das Substrat kämpfen, kann er leicht faulen. Stützen Sie die Pflanzen durch Aufbinden an Bambusstäben. Steine auf dem Topfboden beugen dem Umkippen vor.

EIN KINDEL EINPFLANZEN

Aus älteren Augen können statt Blüten neue Pflanzen entstehen, die man Kindel nennt. Belassen Sie diese an den Stängeln, bis sie Wurzeln haben. Dann können Sie sie abnehmen und eintopfen.

Sie brauchen:

- Dendrobie mit Kindeln
- scharfe Gartenschere oder Messer
- feines Rindensubstrat
- einen kleinen Topf

1

Wenn die Wurzeln gut entwickelt sind, ist das Kindel reif zum Eintopfen.

2

Trennen Sie das Kindel mitsamt Wurzeln mit Gartenschere oder Messer ab.

Setzen Sie das Kindel in einen kleinen Topf. Später braucht es eventuell einen Bambusstab als Stütze.

3

▲ *Dendrobium parishii*

Diese bezaubernde, stark duftende Art stammt aus Südostasien. Die Pseudobulben der kleinen Pflanze sind höchstens 10 cm lang und wachsen oft hängend. Die Pflanze wirft im Winter ihr Laub ab, die tiefrosa Blüten erscheinen einzeln oder zu zweit an Knoten der blattlosen Stängel.

◄ *Dendrobium* Browne

Als attraktive Variante der Phalaenopsis-Gruppe trägt diese hübsche immergrüne Hybride lange, aufrechte, vielblütige Blütenstände. Die schmal keulenförmigen Kron- und Kelchblätter sind orangebraun, die Lippe hebt sich gelb ab. Durch die nach hinten gedrehten Kronblätter wirken die Blüten, als würden sie wegfliegen. Die Pflanze wird bis 60 cm hoch.

NOBILE-GRUPPE
NÜTZLICHE TIPPS

STANDORT
Warmer Raum; kein direktes Sonnenlicht

IM FREIEN?
Während der Sommermonate möglich

PFLEGE
Im Sommer gießen; im Winter trocken halten

UMTOPFEN
Nur wenn nötig; nach der Blüte

GRÖSSE
Erwachsene Pflanzen erreichen eine Höhe von maximal 45 cm, die Blüten einen Durchmesser von bis zu 10 cm.

Dendrobium thyrsiflorum ►

An der Spitze reifer Pseudobulben bringt diese immergrüne Art aus Indien zierliche Blüten in langen, zapfenartigen Ständen hervor. Die Blüten sind weiß mit einem leicht rosa Hauch auf Kron- und Kelchblättern und tief goldgelber Lippe. Die frühjahrsblühende Art gedeiht gut an einem kühleren Fensterplatz.

◄ *Dendrobium* Emma White

Diese hübsche Sorte aus der Phalaenopsis-Gruppe entfaltet im Frühjahr und im Frühsommer ihre Blüten in Büscheln an der Spitze der Pseudobulben. Die komplett weiße Sorte wird wegen der Reinheit ihrer Blüten sehr bewundert und gepriesen.

Dendrobium senile ▶

Dies ist eine Miniaturform mit höchstens 8 cm langen Pseudobulben. Die kanariengelben, in Relation zur Pflanze großen Blüten erscheinen im Frühling und halten drei Wochen. Sie entspringen an Knoten entlang der Pseudobulbe.

▼ *Dendrobium*-Hybriden

Das Bild zeigt typische Vertreter der Nobile-Gruppe, die alle von *Dendrobium nobile* abstammen. Diese Linie hat eine Fülle farbenfroher Hybriden hervorgebracht, von Weiß über Creme und Rosa bis zu dunkleren Rottönen. Sie blühen im Frühjahr und verlieren während des Winters einen Teil ihrer Blätter.

Dendrobium pierardii ▶

Die ausgesprochen hübsche Orchidee bildet dünne Pseudobulben, die schnell 30 cm oder länger herabhängen. Nach dem Abwurf aller Blätter legt die Pflanze im Winter eine Ruhepause ein. Im Frühjahr erscheinen die Blüten über die gesamte Länge der jüngsten stängelartigen Pseudobulben. Die schmalen Kron- und Kelchblätter sind zartrosa, die rundliche Lippe ist cremeweiß.

▼ *Dendrobium* Trakool Red

Diese Hybride gehört zu den kleinsten der Phalaenopsis-Gruppe. Die Pseudobulben sind von geringer Größe, schlank und etwa 30 cm lang. Die schönen Blüten, an Stielen deutlich über dem Laub stehend, sind tiefrot, mit breiten Kron- und Kelchblättern und einer kleineren, schmalen Lippe. Sie halten mehrere Wochen.

Zygopetalum Artur Elle ▼

Eine robuste moderne Hybride, die alle Vorzüge einer Zygopetale zu bieten hat. Die Kron- und Kelchblätter sind schokoladenbraun mit durchscheinender grüner Grundfarbe. Die breite weiße Lippe ziert sich mit kräftigen purpurroten Linien, die sich von der Mitte strahlenartig ausbreiten. Die langen Blütenstände überragen leicht die Blätter.

▼ *Zygopetalum* John Banks

Bei dieser schönen, süß duftenden Hybride überziehen breite nussbraune Bänder das Grün der Kron- und Kelchblätter. Das Weiß der Lippe ist fast komplett von der violettroten Zeichnung überdeckt.

Zygopetalum crinitum ▶

Diese Art zeigt die ursprüngliche Blütenform und -färbung von *Zygopetalum* und hat vieles zu den heutigen Hybriden beigetragen inklusive ihres süßen Dufts. Alle modernen Hybriden wurden aus Arten wie dieser mit nur einem Ziel gezüchtet: noch bessere und prächtigere Blüten zu erhalten.

Weitere Orchideen

Die meisten der in diesem Buch vorgestellten Orchideen wurden wegen ihrer attraktiven Blüten und der guten Eignung als Zimmerpflanzen populär. Daneben gibt es zahlreiche andere, weniger bekannte Orchideen, die man zusammen mit den bewährten Favoriten kultivieren kann. Viele der Orchideen auf den folgenden Seiten werden Sie nicht in jedem Gartencenter finden, da sie nicht massenvermehrt werden. Ihre Pflege ist oft etwas anspruchsvoller, manche brauchen spezielle Wuchsbedingungen. Doch die Orchideen in diesem Kapitel geben nicht nur einen tieferen Einblick in die bemerkenswerte Vielfalt dieser Pflanzenfamilie – sie können auch den Wunsch wecken, mehr über diese einzigartigen und außergewöhnlichen Pflanzen zu erfahren.

Die auch als Engels-Orchidee bekannte *Coelogyne cristata* bringt hübsche Büschel weiß schimmernder Blüten mit gelber Mitte hervor.

Alles über Vanda

Diese Orchideen mögen es warm und feucht. Wild wachsen sie in Baumwipfeln in Äquatornähe und den nördlich bzw. südlich daran anschließenden tropischen Regionen. Andernorts braucht man ein beheizbares Gewächshaus, um Vanda zusammen mit anderen tropischen Pflanzen zu kultivieren.

In Singapur sieht man Vanda fast überall im Freien wachsen; in der feuchten Hitze scheinen sie ständig zu blühen. Man findet sie zu Tausenden in Gärtnereien, wo sie in kleinen Holzkörben an quer gespannten Drähten hängen, von Markisen vor der tropischen Sonne geschützt. Die Körbe enthalten keine Erde, sondern nur kleine Holzkohlestückchen, um den Luftwurzeln der Pflanzen einen Halt zu bieten und etwas Feuchtigkeit zu speichern.

In den Tropen werden diese Orchideen auch ähnlich kultiviert, z. B. auf der Terrasse oder auf Gartenbäumen. In kühlerem Klima hingegen gedeihen Vanda am besten in einem warmen Gewächshaus oder Wintergarten. In der Wohnung ist es schwierig, die nötige hohe Luftfeuchtigkeit zu erzeugen, die für uns zudem unangenehm wäre.

Wie sie wachsen

Vanda sind monopodiale Orchideen, das heißt, sie wachsen mit nur einem Haupttrieb bzw. Stängel. An dessen Spitze entstehen ständig neue Blätter, die abwechselnd nach links und rechts wachsen, während sich an der Basis Luftwurzeln nach unten ausbreiten. Diese Wurzeln können sehr lang werden – eine Länge von bis zu 1 m ist nicht ungewöhnlich. Die Pflanzen wachsen weiter nach oben und können in wenigen Jahren eine Höhe von 1 m erreichen. Mit der Zeit fallen die ältesten Blätter von unten her ab, sodass die Pflanze mit dem kahlen Stängel unter den Blättern etwas staksig wirkt.

Bei Bedarf können Sie den Stängel mit einem scharfen Messer oder einer Gartenschere kappen. Sie müssen einige Luftwurzeln an der Pflanze belassen, sonst welkt sie und stirbt möglicherweise ab. Häufig wächst der verbleibende Stumpf wieder, sodass sich nach einigen Jahren eine neue blühfähige Pflanze entwickelt hat. Mitunter bilden Vanda auch Seitentriebe an der Basis, die man zur Vermehrung mitsamt den Wurzeln abtrennen kann.

Vanda (Van-da)

Der Name ist ein Wort aus dem Sanskrit, das die Wuchsform der Pflanze beschreibt. Die Gattung wurde 1795 benannt. 40 bekannte Arten in Südostasien. Hybriden werden oft aus Samen gezogen.

Wie sie blühen

Die Blütenstiele, die in den Blattachseln am Stängel erscheinen, wachsen fast horizontal und bringen bis zu acht große, flache Blüten hervor. Diese haben ausgebreitete Kron- und Kelchblätter, die einfarbig oder – öfter – intensiv gefleckt oder mosaikartig gescheckt sind. Die Lippe ist sehr klein und unauffällig. Der Blütendurchmesser variiert zwischen 6 und 10 cm, der Flor kann zu jeder Jahreszeit erscheinen.

ZU EMPFEHLEN:

- ✓ Binden Sie den Blütenstand an einen Stab, damit er nicht unter dem Gewicht der Blüten heruntergebogen wird und abbricht.
- ✓ Übersprühen Sie häufig und das ganze Jahr über. Düngen Sie, indem Sie Blattdünger sprühen.
- ✓ Halten Sie die Pflanzen in einem warmen Gewächshaus oder Wintergarten.
- ✓ Vanda brauchen einen Platz, an dem sie ganzjährig viel Licht haben, aber vor der Mittagssonne geschützt sind

ZU VERMEIDEN:

- ✗ Keinesfalls vollem Sonnenlicht aussetzen
- ✗ Die Temperatur sollte auch in Winternächten nicht unter 18 °C sinken.
- ✗ Die Temperatur darf 32 °C nicht überschreiten.
- ✗ Nicht umtopfen

KULTUR IM GEWÄCHSHAUS

Am besten lassen sich Vanda in einem beheizten Gewächshaus oder Wintergarten unter tropenähnlichen Bedingungen halten. Vanda brauchen im Winter wie im Sommer eine nächtliche Mindesttemperatur von 18 °C, tagsüber darf sie höchstens auf 32 °C ansteigen. Hohe Temperaturen müssen durch hohe Luftfeuchtigkeit ausgeglichen werden, indem man häufig Wasser sprüht oder vernebelt. Düngen Sie regelmäßig mit Blattdünger, den Sie auf die Blätter und Wurzeln sprühen.

Es ist nicht ganz einfach, die Lichtansprüche der Vanda zu erfüllen. Da sie vom Äquator kommen, sind sie an einen gleichmäßigen Wechsel von 12 Stunden Tageslicht und 12 Stunden Dunkelheit gewöhnt. Die längeren Sommer- und kürzeren Wintertage des gemäßigten Klimas bringen die Pflanzen aus dem Gleichgewicht, sodass eine künstliche Beleuchtung empfehlenswert ist.

Zerknittert wirkende Blätter zeigen Trockenheit an. Das kann daran liegen, dass es an Luftwurzeln mangelt. Sprühen Sie in diesem Fall häufiger, und tauchen Sie die Pflanze mehrmals täglich in einen Eimer mit Wasser. Vermeiden Sie dabei, die Spitze, an der die neuen Blätter entspringen, und die Blüten zu benässen, denn das führt zu Flecken. Besprühen Sie die Pflanzen auch in ihrer Ruhephase, während der die Wurzeln nicht wachsen; achten Sie aber darauf, dass sie abgetrocknet sind, wenn die Temperaturen zur Nacht hin fallen.

Mittlerweile wurde eine Fülle von Hybriden gezüchtet, wie x *Vascostylis (Vanda x Rhynchostylis)* und x *Ascocenda (Ascocentrum x Vanda)*.

Zu den Hybriden gehören auch die berühmten blauen Vanda, etwa Vanda 'Rothschildiana'. Ihre Blütenfarbe findet bei anderen Orchideengewächsen nicht ihres Gleichen. Weitere Regenbogenfarben – wie tiefes Violett, kräftiges Rot, leuchtendes Orange, sanftes Gelb – sind das Ergebnis intensiver Auslesezüchtung, durch die auch die Blütengröße verbessert wurde.

Vanda pflegen

In gemäßigtem Klima gehandelte Vanda werden üblicherweise in Ländern wie Thailand aus Samen angezogen. Gleich nach dem Import in die Abnehmerländer sind sie kräftig, robust und beginnen oft zu blühen. Das ist der beste Zeitpunkt für den Kauf.

Eine gerade erst erworbene Vanda weist häufig ein paar tote Wurzeln auf. Schneiden Sie diese zurück; mitunter treiben sie in der Nähe des Stängels neu aus. Sie können den Korb mit grober Rinde oder Blähton füllen, um die Wasserspeicherung zu fördern.

Ein warmes Gewächshaus zu betreiben lohnt sich am ehesten, wenn man neben einigen Vanda auch andere tropische Pflanzen kultiviert – unter ihnen auch Kletterpflanzen, die im Sommer für Beschattung sorgen.

Aufgrund der hohen Luftfeuchtigkeit kommen an Vanda wenig Schädlinge vor. Wenn aber an benachbarten Pflanzen z. B. Schild- oder Wollläuse (siehe S. 180) auftreten, sollten Sie auch die Vanda sorgfältig auf Befallsanzeichen prüfen.

Wilde Vanda wachsen als Epiphyten hoch oben in Waldbäumen. Ihre Blüten unterscheiden sich stark von denen der Hybriden.

x *Ascocenda* Thai Joy ▶

Große, vielblütige, aufrechte Blütenstände sind das Markenzeichen dieser hübschen Gattungshybride, die ihre tiefrosa Blüten mit majestätischem Stolz zeigt.

◀ x *Ascocenda* Princess Mikasa

Dieses schöne Exemplar demonstriert die intensive, marmoriert erscheinende Violettfärbung der beliebten Sorte. Die Blüten von x *Ascocenda* sind etwas kleiner als die der reinen *Vanda*, erscheinen aber zahlreicher an den Stielen.

▲ *Vanda (Trudelia) cristata*

Diese aus Indien stammende Art hat attraktive kleine Blüten mit grünen Kron- und Kelchblättern und einer rot bestickten Lippe. Sie bevorzugt niedrigere Temperaturen als andere Vanda und eignet sich auch für die Wohnung.

Vanda Kitty Blue ▶

Unter all den lebhaften Farbtönen der Vanda repräsentiert dieses intensive Violett das Beste der Gattung. Das Mosaikmuster ist markant, die Lippe besonders dunkel.

NÜTZLICHE TIPPS

STANDORT
Beheiztes Gewächshaus oder Wintergarten. Sehr hell, aber nicht in praller Sonne. Nächtliche Mindesttemperatur von 18 °C, tagsüber höchstens 32 °C

IM FREIEN?
Nicht nach draußen stellen

PFLEGE
Ganzjährig besprühen. Einmal pro Woche Blattdünger sprühen

UMTOPFEN
Nicht umtopfen

GRÖSSE
Erwachsene Pflanzen bis 100 cm Höhe, Durchmesser der Blüten bis 10 cm

Alles über Encyclien und Coelogynen

Zu diesen beiden beliebten Gattungen zählen viele unterschiedliche Arten. Gewöhnlich werden Arten kultiviert, seltener die wenigen bisher gezüchteten, meist enttäuschenden Hybriden.

Tintenfisch-Orchidee wird *Encyclia cochleata* genannt, weil die ungewöhnliche Blüte mit der Lippe an das Meerestier erinnert.

Da die Arten dieser beiden Gattungen in der Blütenfarbe nur leicht variieren, gelang es kaum, Verbesserungen zu erzielen und verschiedenfarbige Hybriden zu züchten. Die meisten der angebotenen Pflanzen sind reine Arten, die aus bewährten Stämmen von Mutterpflanzen vermehrt werden.

Bei Encyclien wie Coelogynen reicht die Palette von nur wenige Zentimeter großen Pflanzen bis zu eher stattlichen Exemplaren. Alle haben rundliche bis eiförmige Pseudobulben mit einem Paar schmaler, ovaler Blätter.

Encyclien

Diese Orchideen blühen gewöhnlich im Sommer. Der Blütenstand entwickelt sich an der Spitze der zuletzt gereiften Pseudobulbe. Oft sind die Knospen von einer schützenden Hülle umschlossen. Der Stiel trägt mehrere Blüten, die drei Wochen oder länger halten. Viele Arten duften angenehm; meist haben sie weiße bis cremeweiße Blüten, oft mit einer zartrot gezeichneten Lippe.

Eine ungewöhnliche Färbung hat *Encyclia vitellina* zu bieten: Ihre 2 bis 3 cm breiten Blüten sind leuchtend zinnoberrot mit orangegelber Lippe. Diese Art ist nicht so leicht zu kultivieren wie andere Vertreter der Gattung, von denen viele in wenigen Jahren zu über 1 m breiten Exemplaren heranwachsen. Solche Pflanzen können von Hunderten duftender Blüten übersät sein. Da die Orchideen in jeder Saison mehrere Neutriebe bilden, erreichen sie ziemlich schnell Ausmaße dieser Art. Teilen Sie die Pflanzen alle drei bis vier Jahre, damit sie nicht zu unhandlich werden.

Coelogynen

Die bekanntesten Coelogynen sind indische Arten, mit weißen oder zart getönten Blüten von 2,5 bis 5 cm Durchmesser. Die meisten blühen im Frühjahr; die Blüten halten mehrere Wochen. Zu den schönsten Exemplaren gehört *Coelogyne cristata* var. *alba* mit ihren am Rand gekrausten Kron- und Kelchblättern. Eine große Pflanze ist über und über von hängenden Blütenständen in reinstem Weiß bedeckt.

Encyclia (En-zü-kli-a)

Der aus dem Griechischen abgeleitete Name beschreibt das „Umklammern" der Säule durch die Lippe. Die Gattung ist mit **Cattleya** verwandt und wurde 1828 benannt. 150 bekannte Arten in Mittel- und Südamerika und auf den Westindischen Inseln.

Coelogyne (Zö-lo-gü-ne)

Deutscher Name: Hohlnarbe. Auch der aus dem Griechischen abgeleitete Name bezieht sich auf die Aushöhlung der Narbe. Die Gattung wurde 1821 benannt. 100 bekannte Arten im tropischen Asien.

Die aus Malaysia stammenden Arten unterscheiden sich deutlich von den indischen. Sie werden oft viel größer, mit langen, ovalen, aufrechten Blättern. Teils haben sie große, grüne Blüten, teils cremefarbene. Von diesen Arten wurden einige beachtenswerte Hybriden gezüchtet. Für die meisten Wohnungen eignen sich jedoch die indischen Arten besser, da sie kleiner sind und zuverlässig blühen.

Encyclien und Coelogynen pflegen

Beide Gattungen haben dieselben Pflegeansprüche und bevorzugen kühle Temperaturen (abgesehen von einigen speziellen Coelogynen für den Warmbereich). Die Wintertemperatur sollte nachts bei mindestens 10 °C liegen, die Sommertemperatur tagsüber 26 °C nicht überschreiten. Sie lassen sich gut zusammen mit Odontoglossen halten, da sie ebenfalls das ganze Jahr über viel Licht und frische Luft brauchen.

Encyclien und Coelogynen haben eine winterliche Ruhephase mit geringem Wasserbedarf. Im Frühling treiben die Blütenstände aus den neuen Pseudobulben und entfalten ihre Blüten nahe am Laub. Gießen und düngen Sie die Pflanzen bis zum Ende der Wachstumsperiode. Besprühen Sie während des Sommers die Blätter leicht. Wählen Sie beim Umtopfen die kleinstmögliche Topfgröße.

Die grazilen Blüten von *Encyclia nemorale* erscheinen am Ende eines langen Blütenstands.

ZU EMPFEHLEN:

✓ Gießen Sie während der Wuchsphase, und düngen Sie mit jeder zweiten oder dritten Wassergabe.

✓ Wählen Sie einen kühlen, hellen Fensterplatz.

✓ Alle zwei bis drei Jahre nach der Blüte umtopfen. Teilen Sie die Pflanze alle paar Jahre, wenn sie Ihnen zu unhandlich wird.

ZU VERMEIDEN:

✗ Nicht dem direkten Sonnenlicht aussetzen

✗ Besprühen Sie die Blätter nicht zu stark.

✗ Gießen Sie in der Ruhephase zurückhaltend.

✗ Die Temperatur sollte auch in Winternächten nicht unter 10 °C sinken.

✗ Die Temperatur darf auch im Sommer 26 °C nicht überschreiten.

Die Blütenstände von *Coelogyne intermedia* bilden Wolken aus weißen Blüten mit gelber Mitte.

Encyclia cochleata ▶

Bei dieser bezaubernden Orchidee zeigt die Lippe nach oben, die dünnen Kron- und Kelchblätter hängen „krakenartig" herab. Diese Art wird daher auch Tintenfisch-Orchidee genannt.

Coelogyne speciosa ▼

Diese malaysische Art bringt im Sommer über einen langen Zeitraum große Blüten in Folge hervor. Wie hier zu sehen, unterscheidet sich bei manchen Sorten die Färbung der Lippe: diese ist meist orangebraun (links) oder pfirsichfarben (rechts).

NÜTZLICHE TIPPS

Standort
In einem kühlen Raum, ohne direktes Sonnenlicht

Im Freien?
Nicht nach draußen stellen

Pflege
Im Sommer häufig gießen, im Winter weniger. Einmal pro Woche düngen

Umtopfen
Alle zwei bis drei Jahre umtopfen

Grösse
Erwachsene Pflanzen bis 30 cm Höhe; Durchmesser der Blüten bis 5 cm

NÜTZLICHE TIPPS

STANDORT
Drinnen in einem kühlen Raum, nicht in direkter Sonne

IM FREIEN?
Im Sommer am besten draußen; nicht der Mittagssonne aussetzen

PFLEGE
In den Sommermonaten gleichmäßig gießen, im Winter trocken halten

UMTOPFEN
Wenn Neutriebe wachsen, umtopfen

GRÖSSE
Erwachsene Pflanzen erreichen eine Höhe und Breite von bis zu 25 cm; Durchmesser der Blüten 6 cm und mehr

◀ *Pleione* Shantung 'Ridgeway'

Diese herausragende Hybride wurde von der britischen Royal Horticultural Society für ihre ungewöhnliche Farbe ausgezeichnet. Kron- und Kelchblätter sind pfirsichfarben, mit kontrastierender gelber, karminrot gemusterter Lippe.

▼ *Pleione* Versailles

Eine sehr beliebte und robuste Hybride, die zwei Blüten an einem Stiel hervorbringen kann. Diese haben violettrosa Kron- und Kelchblätter; die aparte Lippe ist intensiv blutrot gezeichnet.

Alles über Lycasten

In der Natur können Lycasten epiphytisch, lithophytisch oder terrestrisch wachsen – stets an schattigen Standorten. Die kleineren Arten und manche Hybriden eignen sich am besten fürs Haus; einige Hybriden werden mitunter sehr groß.

Diese Orchideen haben eine deutlich ausgeprägte Wachstumsphase im Sommer, gefolgt von einer Ruhezeit im Winter, in der sie Trockenheit ertragen. Die kräftigen Pflanzen bilden pralle, eiförmige, dunkelgrüne Pseudobulben mit einigen großen, breiten, weichen Blättern an der Spitze. Diese halten meist ein oder zwei Jahre. Gewöhnlich sind an einer Pflanze jeweils nur die Pseudobulben aus derselben Wuchsperiode beblättert. Anders als bei *Cymbidium* oder *Odontoglossum* gilt es bei *Lycaste* nicht als Anzeichen eines Ungleichgewichts, wenn die Zahl unbeblätterter Pseudobulben überwiegt.

Die Blüte

Die Blütenstände erscheinen im Frühling, etwa zur selben Zeit wie die neuen Triebe, die sich schnell zu Blättern entfalten. Die Blütenstände wachsen währenddessen noch einige Zentimeter jeweils mit einer Knospe. Die Blüten zeigen eine charakteristische Dreiecksform, die sich durch die weit auseinanderstehenden Kelchblätter ergibt. Auch Kronblätter und Lippe, die etwa gleich groß sind und nach vorn weisen, bilden ein Dreieck in der Blütenmitte. Bei einer gesunden Pflanze entspringen einer Pseudobulbe zahlreiche Blüten.

Bei den Arten finden sich die Blütenfarben Weiß, Braun und Grün, außerdem Rosa wie bei *Lycaste skinneri* oder Gelb wie bei *L. aromatica*. Die letztere, grüngoldgelbe Art duftet herrlich. Unter den Hybriden gibt es zahlreiche weitere Farbtöne.

Nach der Blüte wachsen die Pflanzen über den Sommer rasch, zum Winter hin schließen sie das Wachstum ab und legen ihre Ruhephase ein. Manche Lycasten werfen dann alle Blätter ab, andere lassen die alten Blätter erst im Frühjahr fallen, wenn der Neutrieb erscheint.

Lycaste (Lü-kas-te)

Benannt nach der Schwester der Helena von Troja. Die Gattung wurde 1843 benannt. 49 Arten in den Wäldern Mittel- und Südamerikas bis Bolivien. Kultiviert werden Arten und Hybriden.

Verwandte Gattung: *Anguloa*

Eng mit *Lycaste* verwandt ist *Anguloa*, die Tulpen-Orchidee. Ihre großen, wächsernen Blüten sind becherförmig und erinnern an Tulpen. Sie werden noch größer als *Lycaste*. Bei Kreuzung mit *Lycaste* entstehen die hübschen x *Angulocaste*-Hybriden. Es gibt viele Form- und Farbvariationen – oft sind diese Orchideen gefleckt und gesprenkelt und haben einen Duft, der auf *Anguloa clowesii* zurückgeht.

Die richtigen Wuchsbedingungen

Orchideen wie Lycasten, die eine kurze, schnelle Wachstumsphase haben, sind auf optimale Unter-

ZU EMPFEHLEN:

- ✓ In der Wachstumszeit gut gießen und bei jeder zweiten oder dritten Wassergabe düngen. Während der Winterruhe nur sparsam gießen
- ✓ Wählen Sie einen schattigen, warmen Fensterplatz, und sorgen Sie für hohe Luftfeuchtigkeit.
- ✓ Teilen Sie die Pflanze beim Umtopfen, falls erforderlich.
- ✓ Binden Sie schwere Blütenstände an einem Stab auf.

ZU VERMEIDEN:

- ✗ Nicht dem direkten Sonnenlicht aussetzen
- ✗ Besprühen Sie die Blätter nicht zu stark, denn das kann zu Flecken führen.
- ✗ Die Temperatur sollte auch in Winternächten nicht unter 16 °C sinken.
- ✗ Vermeiden Sie Temperaturen über 30 °C.

stützung angewiesen, damit sie sich bis zum Herbst gut entwickeln. Kräftiges Gießen und hohe Temperaturen helfen dabei.

Während der Wachstumszeit brauchen Lycasten Schatten und reichlich Platz, damit sich ihre großen, ausgebreiteten Blätter entfalten können. Im Sommer gedeihen sie bei Temperaturen bis höchstens 30 °C am besten. Im Winter sollte die Nachttemperatur nicht unter 16 °C sinken.

Je höher die Temperaturen, desto höher muss auch die Luftfeuchtigkeit sein. Stellen Sie die Pflanzen daher über einer wassergefüllten Schale auf, und besprühen Sie die Blätter leicht; dies sollte am Vormittag geschehen, damit das Laub abgetrocknet ist, wenn die Temperaturen am Abend sinken.

Die Größe der Pseudobulben

Während der Sommermonate gelangen die Pseudobulben zur Reife und sollten gleich groß oder größer werden als die des Vorjahrs. Bilden sich jedes Jahr kleinere Pseudobulben, beeinträchtigt dies die Blüte und das künftige Wachstum. Kleiner werdende Pseudobulben können auf Problemsituationen hinweisen – etwa auf lange Trockenphasen oder zu niedrige Temperaturen.

Lycasten umtopfen

Diese schnell wachsenden Pflanzen sollten jedes Jahr nach der Blüte umgetopft werden (siehe Odontoglossen, S. 61). Dies fördert die Ausbildung genügend großer Pseudobulben. Nach dem Entfernen der ältesten Pseudobulben kann die Pflanze oft wieder in den alten Topf eingesetzt werden. Topfen Sie die älteren Pseudobulben getrennt ein – wenn sie noch grün und prall sind, bilden sie eigene Neutriebe. So erhalten Sie nach zwei oder drei Jahren weitere blühende Pflanzen.

Sie können Lycasten auch in kleinere Teilstücke zertrennen. Dies geschieht im Frühling, bevor der Neuwuchs austreibt. Mit weniger alten Pseudobulben entwickeln sich die Pflanzen oft besser.

Die tulpenähnlichen Blüten von *Anguloa clowesii* erscheinen im Frühjahr. Sie sind leuchtend gelb und duften angenehm.

SO PFLEGEN SIE LYCASTEN

Während ihrer winterlichen Ruhephase sollten Lycasten kühler und so hell wie möglich stehen. Gießen Sie gelegentlich, damit die Pseudobulben prall bleiben. Schneiden Sie vergilbte oder fleckige Blätter weg; sie haben für die Pflanze keinen Nutzen mehr. Ohne Blätter brauchen die Pflanzen weniger Platz und können enger nebeneinandergestellt werden.

Im Frühling treiben um die jüngsten Pseudobulben herum neue Triebe und Blütenstände aus. Gießen Sie dann zurückhaltend, und achten Sie darauf, dass kein Wasser zwischen die Neutriebe und auf die Knospen gelangt.

Die Blütenstände mancher Lycasten biegen sich unter dem Gewicht der Blüten herunter und sollten an dünnen Stäben aufgebunden werden.

Beginnen Sie nach der Blüte mit dem Düngen, bei jeder zweiten oder dritten Wassergabe – je nachdem, wie schnell die Pflanzen wachsen.

NÜTZLICHE TIPPS

STANDORT
In einem warmen Raum, ohne direktes Sonnenlicht.

IM FREIEN?
Nicht nach draußen stellen; auch nicht im Sommer

PFLEGE
Im Sommer gut gießen, während des Winters nur wenig

UMTOPFEN
In jedem Frühjahr umtopfen und die alten Pseudobulben entfernen. Teilen Sie die Pflanze, falls erforderlich.

GRÖSSE
Erwachsene Pflanzen erreichen eine Höhe und Breite von bis zu 60 cm; die Blüten haben einen Durchmesser von 6 cm.

▼ *Lycaste* Betty Sparrow

Die attraktiven Blüten präsentieren sich in einem hellen Gelb und haben große, fleischige Kelchblätter. Da sie schwer werden, sollten sie gestützt werden.

Lycaste Always x Auburn ▶

Eine neue, noch unbenannte Hybride, die die für Lykasten typische Dreiecksform zeigt. Die kräftig rosa Kelchblätter, die helleren Kronblätter und eine rote Lippe ergeben ein hübsches Farbenspiel.

Alles über Masdevallien

Mit ihren ausgefallenen Blüten verleihen Masdevallien jeder Wohnung eine freundliche Atmosphäre. Obwohl sie als schwierig gelten, erweisen sich moderne Hybriden als faszinierende Orchideen.

Diese Orchideen gedeihen am besten unter kühleren klimatischen Bedingungen und an luftigen Standorten. Nicht an tropische Verhältnisse gewöhnt, vertragen sie keine Temperaturen, die über 27 °C liegen.

Wertvoll und rar

Bei *Masdevallia* handelt es sich um eine große Gattung, doch sind viele Arten sehr selten geworden. Masdevallien eignen sich nicht für Meristemkultur und werden durch Samen oder Teilung vermehrt.

Häufiger im Angebot sind – hauptsächlich aus den USA stammende – Hybriden. Mit zunehmend besserem Verständnis für ihre Kulturansprüche gewinnen diese Orchideen an Popularität. Die modernen Hybriden lassen sich in der Wohnung durchaus erfolgreich halten, die seltenen Arten dagegen gehören in die Sammlungen von Experten. Diese wertvollen Pflanzen sollten nicht durch Nachlässigkeit oder Unerfahrenheit verloren gehen. Die Hybriden sind daher für die meisten Pflanzenfreunde besser geeignet.

Masdevallia (Mas-de-wall-i-a)

Namensgebend war der spanische Botaniker Dr. José Masdevall. Die Gattung wurde 1794 benannt. Etwa 350 Arten in Südamerika, viele davon selten. Kultiviert werden Arten und Hybriden.

Der Wachstumszyklus

Masdevallien bilden kurze Stängel mit einem einzelnen, oft leicht brüchigen, schmal ovalen Blatt an der Spitze. Mehrere Blätter formieren sich zu Büscheln, und die Orchideen entwickeln sich sehr rasch zu großen Pflanzen.

Die Blütenstände der Masdevallien entspringen an der Basis der Haupttriebe und blühen hauptsächlich im Sommer. Je nach Sorte werden sie zwischen 10 und 35 cm lang. Bei kurzstieligen Pflanzen hängen die Blüten nickend über den Topfrand, die langstieligen dagegen stehen aufrecht und brauchen teilweise eine Stütze.

Farbenfrohe Blüten

Die Blütenfarben und -muster sind sehr variantenreich. Unter anderen finden sich ein lebhaftes Orange und ein helles Gelb, oft sind die Blüten gestreift oder gesprenkelt. Größter Beliebtheit erfreuen sich Pflanzen mit blutroten, mondförmigen Blüten, die einzeln an langen Stielen stehen.

Obwohl die Blüten teils trompetenförmig sind und sich nicht ganz öffnen, folgen sie bei allen Masdevallien derselben Grundform und haben sehr große, zum Teil an den Längsseiten miteinander verwachsene Kelchblätter. Diese sind die „Hauptattraktion“ der Pflanzen. In ihrem becherartig gewölbten Zentrum sieht man Kronblätter und Lippe; beide sind sehr klein und bilden ein winziges Dreieck. Bei den markantesten Blüten laufen die Kelchblätter in langen Zipfeln aus.

Im Sommer können Masdevallien mehrere Wochen blühen, allerdings sind nicht alle Blüten zur selben Zeit geöffnet. Die Pflanzen mit sehr langen Blütenstielen benötigen einen Stützstab.

Masdevallien pflegen

Diese epiphytischen Pflanzen wachsen wild in den Gebirgsregionen Südamerikas, beschattet vom Laubdach der Bäume. Um ihnen ähnliche Bedingungen zu bieten, müssen Sie einen kühlen Platz finden, an dem die Temperaturen nie allzu hoch steigen. In Winternächten benötigen sie 8 bis 14 °C, im Sommer sollte es nicht wärmer werden als 24 °C. Masdevallien wollen das ganze Jahr über leicht beschattet stehen, da zu viel Licht, besonders im Sommer, mitunter zu gelbem oder fleckigem Laub führt.

Das richtige Pflanzgefäß

Ziehen Sie Masdevallien im kleinstmöglichen Topf. Kleine Plastikgitterkörbe, wie sie für Wasserpflanzen verwendet werden, sind ideal, da sie reichlich Luft um die feinen Wurzeln zirkulieren lassen. Die Wurzeln – manchmal auch die Pflanzen selbst – wachsen durch die Maschen. Verwenden Sie zum Eintopfen stets Kiefernrinde mit feiner Körnung.

Diese Orchideen wollen ungestört bleiben und sollten nur geteilt werden, wenn es unbedingt nötig ist. Dann teilen Sie sie in große Stücke.

Feuchtigkeit und Gießen

Hohe Feuchtigkeit und luftige Verhältnisse sind der Schlüssel zum Erfolg mit Masdevallien. Sie haben keine Pseudobulben und legen keine Winterruhe ein. Deshalb müssen Sie die Pflanzen ganzjährig gleichmäßig feucht halten, ohne sie jemals zu vernässen oder völlig austrocknen zu lassen. Übergießen führt schnell zu Blattverlust, und wenn die Pflanze einmal zu faulen beginnt, wird es schwierig, sie zu retten (siehe S. 179).

Masdevallia 'Inca Prince' hat aparte Blüten in Orange, die in der Mitte rot gestreift sind.

ZU EMPFEHLEN:

✓ Ganzjährig gießen und bei jeder zweiten oder dritten Wassergabe düngen. Für hohe Luftfeuchtigkeit sorgen

✓ Wählen Sie einen leicht schattigen, kühlen Platz am Fenster oder in der Raummitte.

✓ Topfen Sie nur dann nach der Blüte um, wenn die Pflanze aus dem Topf wächst. Teilen Sie nur, wenn absolut nötig.

✓ Binden Sie hohe Blütenstände an einem Stab auf.

ZU VERMEIDEN:

✗ Nicht dem direkten Sonnenlicht aussetzen

✗ Besprühen Sie die Blätter nicht zu stark.

✗ Die Temperatur sollte auch in Winternächten nicht unter 8 °C sinken.

✗ Vermeiden Sie Temperaturen über 24 °C.

NÜTZLICHE TIPPS

Standort
Kühl, leicht beschattet, nicht in der direkten Sonne

Im Freien?
Nicht nach draußen stellen, auch nicht im Sommer

Pflege
Ganzjährig feucht halten, aber nicht vernässen

Umtopfen
Nach der Blüte umtopfen, aber nur, wenn die Pflanze bereits aus dem Topf wächst

Grösse
Erwachsene Pflanzen bis 35 cm Höhe; die Blüten haben einen Durchmesser von 6 cm und mehr.

◀ *Masdevallia* Bella Donna x *M. urosalpinx*

An langen, schlanken Stielen stehen diese fast durchscheinenden, hell cremegelben Blüten mit orangefarbenen Zipfeln.

Masdevallia Magdalena x Marguerite ▶

Der Grundton der exquisit gefärbten Blüten dieser neuen Hybride ist ein Orange, das von Karminrot überzogen wird. Die Kelchblätter sind zu einer runden Mondform verwachsen, die die kleinen Kronblätter und die Lippe umrahmt.

Mit Orchideen gestalten

Die Leuchtkraft ihrer Blüten, deren Farbskala von strahlendem Weiß über leuchtendes Rosa oder Gelb bis zu dunklem Rot reicht, macht Orchideen zu einem absoluten Blickfang. So eignen sie sich auch perfekt, um beispielsweise als Tischschmuck bei einem festlichen Essen zu fungieren oder dem Eingangsbereich eine einladende Note zu verleihen. Wo immer Sie Ihre Orchideen platzieren – sie werden die Bewunderung eines jeden, der sie erblickt, erregen.

Eine zauberhafte Kombination aus Licht und Farben bilden abgeschnittene Orchideenblüten und Kerzen, die gemeinsam in einer flachen Glasschale schwimmen.

Die Blüten präsentieren

Bringen Sie Ihre Orchideen während der Blüte richtig zur Geltung, indem Sie sie dort platzieren, wo sie Ihnen und Ihren Besuchern ins Auge fallen.

Phalaenopsis-Blüten schweben bezaubernd über Farnblättern.

Verschiedene Blüten wirken in Gruppen besonders farbenprächtig.

Bei den meisten Orchideen dauert die Blüte mehrere Wochen an. Während dieser Zeit sollten sie ihre Wirkung voll entfalten können. Dazu muss man sie vielleicht auch umstellen: Wenn sie sonst in einem Raum stehen, den Besucher kaum betreten, kommen sie nun auf den Esszimmertisch oder ins Wohnzimmer, wo sie von allen bewundert werden können. Binden Sie die Stiele an Stäben auf, damit die Blüten optimal wirken.

Warten Sie bei vielblütigen Orchideen wie Cymbidien, Phalaenopsis und Odontoglossen, bis sich die meisten Blüten geöffnet haben, bevor Sie sie an den bevorzugten neuen Standort bringen. Bei zu frühem Umstellen – mit noch geschlossenen Knospen – kann die Änderung der Lichtverhältnisse und anderer Faktoren dazu führen, dass die Knospen gelb werden und abfallen (siehe Knospenabwurf, S. 176).

Die Orchideen vorbereiten

Bevor Sie Ihre Orchideen in den Blickpunkt rücken, säubern Sie die Blätter mit einem feuchten Tuch. Verwenden Sie bei Orchideen nie Blattglanzspray, da es die Blattporen verstopft. Gießen Sie die Pflanzen sorgfältig, und sorgen Sie für guten Abfluss. Sie können die Substratoberfläche mit Moos oder Kieseln abdecken, sollten dieses Dekomaterial beim Gießen aber entfernen. Überprüfen Sie schließlich die Blüten und Blattunterseiten auf Blattläuse und

NACH DER BLÜTE

Schneiden Sie gleich nach dem Verblühen den alten Blütenstand weg, und entfernen Sie den Stützstab. Falls Sie die Pflanze umgestellt haben, kommt sie nun zurück an ihren normalen Standort. Eventuell hatten die Pflanzen während der „Präsentationsphase“ wenig Feuchtigkeit – dann gießen Sie nun gründlich. Untersuchen Sie die Pflanzen wiederum sorgfältig auf Blattläuse und andere Schädlinge wie Woll- oder Schildläuse (siehe S. 180–181).

andere Schädlinge wie Woll- oder Schildläuse. Falls Sie einen Schädlingsbefall feststellen, sollten Sie unverzüglich entsprechende Maßnahmen ergreifen (siehe S. 180–181).

Orchideen gruppieren

Wenn mehrere Ihrer Orchideen zur selben Zeit blühen, können Sie diese zusammen in einer Schale mit Kieseln präsentieren. Wählen Sie eine Schale von ausreichender Größe, und verteilen Sie die Kiesel darin gleichmäßig. Anschließend füllen Sie nur so viel Wasser ein, dass die Kiesel oben noch herausschauen. Nun stellen Sie die Orchideen darauf. Töpfe mit kleinen Farnen verbessern die Luftfeuchtigkeit und runden das Ensemble optisch ab.

Orchideengruppen wirken auch aufgereiht auf dem Fensterbrett. Achten Sie darauf, dass empfindliche Gattungen nicht zu viel Sonne abbekommen und dass kein Pflanzenteil die Scheibe berührt.

ZU EMPFEHLEN:

✓ Gießen Sie die Pflanzen auch am neuen Standort.

✓ Entfernen Sie Moos oder Kiesel von der Substratoberfläche, bevor Sie die Pflanzen an ihren normalen Platz zurückstellen.

✓ Achten Sie auf Blattläuse und andere Schädlinge.

ZU VERMEIDEN:

✗ Lassen Sie keine welken Blüten an der Pflanze. Schneiden Sie abgestorbene Blüten weg.

✗ Besprühen Sie die Blüten nicht, sonst werden sie fleckig.

✗ Stellen Sie die Orchideen nicht wärmer oder kühler als empfohlen.

ORCHIDEEN IM SCHAUKASTEN

Stellen Sie die Pflanzen auf die Tonkügelchen.
Halten Sie die Scheiben sauber und frei von Algen.
Kleine Tillandsie (Tillandsia)
Lassen Sie den Pflanzen ausreichend Platz zum Wachsen.
Bedecken Sie den Boden 2–3 cm hoch mit Blähton. Er sorgt später für Feuchtigkeit.
Clear Seal
Kleiner, langsamwüchsiger Farn
Miniatur-Masdevallie

Ein Aquarium eignet sich gut als Quartier für eine Sammlung von Miniaturorchideen, denn darin können Sie ein warmes, feuchtes Mikroklima schaffen. Halten Sie die Tonkügelchen (Blähton) auf dem Boden feucht; keinesfalls dürfen die Orchideen allerdings im Wasser stehen. Für den Kasten kommen nur kleine und langsam wachsende Pflanzen infrage, die auch während der Blüte den Kastenrand nicht überragen. Lassen Sie die Deckplatte weg, damit die Luft zirkulieren kann.

Um den Kasten nicht zu „überfluten“, nehmen Sie die Pflanzen am besten zum Gießen heraus und stellen sie erst wieder zurück, wenn sie etwas abgetrocknet sind. Säubern Sie die Kügelchen ab und zu von Algen.

Aufbinden an Rinde

Orchideen auf Rinde zu kultivieren, ist besonders schön, denn dies kommt ihrer natürlichen Lebensweise am nächsten.

Nicht alle Orchideen eignen sich für die Kultur auf Rinde. Kleinere Epiphyten, die in der Natur auf Bäumen wachsen, sind die beste Wahl. Sie reihen ihre Pseudobulben entlang eines sich stetig ausdehnenden Rhizoms oder Sprosses auf. Solche Pflanzen wachsen schnell über den Topfrand und richten ihren Wuchs aufwärts oder horizontal aus.; oder

Orchideen mit langen Blütenständen wirken schön auf Rinde.

sie wachsen eher abwärts;. Diese Orchideen gedeihen auf Rinde gut.

Auf Rinde aufgebunden, trocknen die Pflanzen schneller aus als im Topf. Tägliches Besprühen oder Eintauchen in Wasser hält sie feucht. Falls man darauf nicht achtet, vertrocknen die Pflanzen in der Wohnung leicht. Idealerweise sollten Orchideen auf Rinde in einem Gewächshaus oder Glaskasten gehalten werden.

AUFBINDEN EINER ORCHIDEE AN RINDE

SIE BRAUCHEN:

- Kokosfaser oder ähnliches organisches Material, das sich langsam abbaut
- *Sphagnum*-Moos
- ein Stück Korkrinde
- eine geeignete Orchidee, die umgetopft werden sollte
- Gartendraht
- Cuttermesser oder Gartenschere sowie eine Zange

Platzieren Sie die Pflanze auf der rauen Rindenseite. Neutriebe sollten nach oben zeigen. Befestigen Sie die Pflanze mit Draht; wenn Sie ihn mit der Zange anziehen, hat sie guten Halt. An der Rinde bringen Sie ein Stück Draht zum Aufhängen an.

3

1

Topfen Sie die Pflanze aus. Schütteln Sie das alte Substrat aus den Wurzeln, schneiden Sie diese, und entfernen Sie alte Pseudobulben.

Umhüllen Sie die Orchideen rundum mit dem *Sphagnum*-Moos und den Kokosfasern.

2

4

Stutzen Sie Moos und Fasern, damit sie nicht zu struppig aussehen. Sie speichern Feuchtigkeit und fördern das Wurzelwachstum.

Tauchen Sie den unteren Teil der Pflanze in Wasser – etwa zehn Minuten lang, bis er gut durchfeuchtet ist.

5

Eingepflanzt in einen Hängekorb, stellt diese Brassie ein zauberhaftes Exemplar dar.

Hängende Gärten

Viele Orchideen gewöhnen sich gut an hängende Körbe. Sie können ein passendes Gefäß kaufen oder selbst einen Korb aus Holzleisten herstellen.

Um Orchideen in einem Korb zu ziehen, brauchen Sie einen Ort, wo sie diesen Aufhängen und die Pflanzen auch problemlos gießen können. Sie jedes Mal herunterzuholen – vor allem, wenn sie groß und schwer sind –, ist mehr als lästig.

Ein guter Platz, um große Orchideenkörbe anzubringen, ist ein Wintergarten mit Fliesenboden. Dort kann man herablaufendes Gießwasser einfach aufwischen. In der Wohnung sollten Sie kleinere Körbe verwenden, die sich zum Wässern im Zweifel leichter abnehmen lassen. In diesem Fall müssen die Orchideen allerdings fast täglich in Wasser getaucht werden, damit sie nicht vertrocknen. Dichten Sie den Korb jedoch keinesfalls völlig ab, etwa mit Folie, sonst drohen Vernässung und Fäulnis.

ORCHIDEEN FÜR KÖRBE

Brassien haben lange, überhängende Blütenstände, die keine Stütze brauchen.

Coelogyne cristata kann mit einem breiten Ring von Pseudobulben sehr ausladend werden.

Wählen Sie Dendrobien mit hängenden Trieben, wie z. B. diesen *Dendrobium parishii.*

Encyclien wie die *Encyclia nemorale* bilden hängende Blütenstände, die hübsch aussehen, wenn sie aus Körben herabpendeln.

Die meisten Vanda sind wegen ihrer langen Luftwurzeln gut geeignet, um in Körbe gepflanzt zu werden.

Diese epiphytische Orchidee umwächst den Korb mit der Zeit wie eine Kugel.

Dendrobium parishii mit ihren hängenden Pseudobulben ist als Korbbepflanzung ideal.

PFLANZUNG IN EINEM KORB

Oft lassen sich Orchideen einfach aus dem Topf in einen gleich großen Korb umsetzen; der Wurzelballen bleibt dabei intakt. Falls dies nicht möglich ist oder wenn Sie, wie hier gezeigt, ein Teilstück einer größeren Pflanze eintopfen möchten, sollten Sie *Sphagnum*-Moos verwenden.

Nehmen Sie den kleinstmöglichen Korb – diesen kann die Pflanze leicht rundum überwachsen. Vergewissern Sie sich, dass die Pflanze fest sitzt, bevor Sie oben am Korb Schnüre oder Drähte anbringen. Wählen Sie einen gut erreichbaren Platz, denn die Pflanzen müssen häufig bewässert werden.

Sie brauchen eine Orchidee, einen Lattenkorb und *Sphagnum*. Das Moos fällt nicht durch die Schlitze.

Setzen Sie die Orchidee in das Moos ein, und drücken Sie sie mit den Fingerspitzen an.

Orchideen bei Nacht

Orchideen sehen in künstlichem Licht fantastisch aus. Verschaffen Sie den Blüten Ihrer Orchideen daher bei Dunkelheit einen stimmungsvollen Auftritt. Denken Sie aber daran, dass Kerzen, Teelichter und Glühlampen auch Wärme abgeben, die den Orchideen möglicherweise schadet. Halten Sie Ihre Hand in die Nähe der Pflanzen – fühlt es sich heiß an, rücken Sie die Lichtquelle weiter weg.

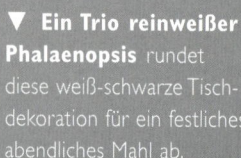

▲ **Eine funkelnde Lichterkette** wurde um den Stützstab dieser Orchidee gewunden, um ihre wunderschön gefärbten Blüten zu betonen.

▼ **Ein Trio reinweißer Phalaenopsis** rundet diese weiß-schwarze Tischdekoration für ein festliches abendliches Mahl ab.

▶ **Kerzen und Teelichter sehen** zusammen mit Orchideen hübsch aus, sollten aber nicht zu nahe und auch nicht zu lange bei den Pflanzen stehen. Die von ihnen ausgehende Hitze kann Blüten und Blätter schädigen.

Abhilfe bei Problemen

Orchideen in Kultur können bis zu 100 Jahre alt werden – so etwa in Botanischen Gärten. Damit sie ein hohes Alter erreichen, müssen jedoch die Wuchsbedingungen stimmen und Probleme sofort behandelt werden. Dieses Kapitel behandelt die häufigsten Krankheiten und Schädlinge und hilft dabei, sie zu erkennen und zu beseitigen. Der Wachstumszyklus von Orchideen wird von Höhen und Tiefen bestimmt. Zunächst nähern sie sich einem Höhepunkt, wachsen und blühen optimal. Dann lässt ihre Pracht häufig nach, und sie brauchen einige Zeit, bis sie erneut zu voller Schönheit erblühen. Wenn Sie auf die jeweiligen Bedürfnisse Ihrer Orchideen eingehen, werden Sie Ihnen viele Jahre lang Freude bereiten.

Marienkäfer

Kleines, fliegendes Insekt. Leuchtend gefärbt, gewöhnlich rot oder gelb mit schwarzen Punkten. Bei Orchideenfreunden ist der Marienkäfer beliebt, weil er Blattläuse und andere Insekten vertilgt.

Probleme mit Blüten

Knospen und Blüten, die weichsten Teile einer Orchidee, reagieren höchst empfindlich auf die Wuchs- und Umweltbedingungen.

Keine Blüten (Pseudobulben)

Beschreibung Die Pflanzen sind gesund, neue Pseudobulben treiben Blätter, aber keine Blütenstände. Tritt an Cymbidien und anderen Orchideen mit Pseudobulben auf

Ursachen Die Pseudobulben sollten jedes Jahr größer werden, bis sie ihr Maximum erreicht haben. Dann ist die Pflanze im blühfähigen Stadium und bildet Blütenstände. Werden die Pseudobulben kleiner, blüht die Orchidee nicht. Das kann daran liegen, dass zu viele der älteren Pseudobulben ihr Laub abgeworfen haben.

Abhilfe Topfen Sie die Orchidee um, und entfernen Sie dabei die alten, blattlosen Pseudobulben, um die Pflanze wieder ins Gleichgewicht zu bringen. Wenn sie weniger Pseudobulben versorgen muss, kann sie stärker wachsen. Bildet sie größere Pseudobulben, dann folgen auch Blütenstiele.

Keine Blüten (andere Formen)

Beschreibung Die Pflanzen sind gesund, bilden reichlich Laub, aber keine Blüten.

Ursachen ***Kühl wachsende Orchideen*** Sind die Temperaturen zu hoch, wachsen sie üppig, entwickeln aber keine Blüten.
Wärmer wachsende Orchideen Wenn diese zu warm stehen, haben sie dunkelgrünes, schlaffes Laub und keine Blüten.

Abhilfe ***Kühl wachsende Orchideen*** Stellen Sie die Pflanze kühler. Nach einiger Zeit sollte sie wieder blühen.
Wärmer wachsende Orchideen *Phalaenopsis brauchen möglicherweise eine 2- bis 3-wöchige Phase mit kühleren Nachttemperaturen, um die Blüte auszulösen. Versuchen Sie dies nur, wenn eine gesunde Pflanze über Monate nicht blüht.*

Knospenabwurf

Beschreibung Alle Knospen, die sich am Blütenstiel normal entwickelt haben, werden gelb und fallen ab, wenn sie gerade dabei sind, sich zu öffnen.

Ursachen Mögliche Ursachen sind Übergießen, zu kalte oder zu feuchte Bedingungen oder aber eine zu warme, trockene Umgebung. Stickige, kaum bewegte Luft kann ebenfalls zum Abfallen der Knospen führen.

Abhilfe Versuchen Sie, die richtigen Wuchsbedingungen für Ihre Orchidee einzuhalten. Kurz vor dem Blühen einer Pflanze sollten Standortveränderungen – wie ein Wechsel vom Gewächshaus ins Zimmer oder eine Umstellung an einen anderen Platz im Raum – vermieden werden. Warten Sie damit, bis die Pflanzen voll erblüht sind.

Blütenwelke

Beschreibung Die Blüten welken vorzeitig, obwohl man eigentlich damit rechnen kann, dass sie mehrere Wochen halten.

Ursachen Dies liegt häufig an zuviel Hitze oder Trockenheit. Oft welken Blüten auch bei kürzlich erstandenen Orchideen, die vor dem Verkauf zu lange in der Zellophanhülle belassen wurden.

Abhilfe Hier ist Vorbeugen besser als heilen. Wählen Sie beim Kauf nur gesunde Pflanzen, und befreien Sie sie zu Hause umgehend von jeglichem Verpackungsmaterial. Beachten Sie genau die jeweiligen Ansprüche verschiedener Orchideen, und versuchen Sie diese optimal zu erfüllen.

Rote Lippen

Beschreibung Dieses Phänomen tritt am häufigsten bei Cymbidien auf; entweder an älteren Blüten oder nach Verlust des Pollens. Die Lippe wird rot, und die Blüte stirbt ab.

Ursachen Pollen kann bei unsanfter Behandlung abfallen. Im Freien wird er bisweilen von Mäusen gefressen oder von kleinen Vögeln abgepickt. Nach Entfernen des Pollens stirbt die Blüte. Schwarz verfärbter Pollen ist verfault, dann welken und sterben die Blüten bald.

Abhilfe Behandeln Sie die Pflanzen behutsam, um sie nicht zu beschädigen. Wählen Sie im Freien einen Standort, an dem die Pflanzen vor Tieren, die Schäden verursachen könnten, möglichst sicher sind.

Blütenflecken

Beschreibung Ältere Blüten werden häufig fleckig; Flecken an noch frischen Blüten werden jedoch durch eine Pilzkrankheit namens Botrytis hervorgerufen. Am häufigsten sieht man dies an Cattleyen und Phalaenopsis.

Ursachen Kühle, feuchte Verhältnisse oder mangelnde Luftbewegung fördern die Entwicklung des Pilzes. Am häufigsten tritt er im Winter bei niedrigen Temperaturen auf.

Abhilfe Vernichten Sie befallene Blüten, und isolieren Sie infizierte Pflanzen, damit sich der Pilz nicht ausbreiten kann. Kontrollieren Sie sorgfältig die Wuchsbedingungen, verbessern Sie die Luftbewegung rund um die Pflanzen, und reduzieren Sie die Feuchtigkeit, um dem Pilzbefall vorzubeugen.

Probleme mit Blättern

Die Blätter einer Orchidee sollten idealerweise fest und von sattem Grün sein. Hier die am häufigsten vorkommenden Auffälligkeiten geschädigter Pflanzen.

Schwarz- oder Braunfärbung

Beschreibung Die Blätter zeigen schwarze oder braune Flecken. Auch die Blattspitzen können betroffen sein. Die Schwarzfärbung breitet sich von der Spitze her aus.

Ursachen Blattflecken deuten nicht immer auf Probleme hin. Teils werden die älteren Blätter fleckig, bevor sie vergilben und von der Pflanze im Lauf des natürlichen Wachstumszyklus abgeworfen werden. Schwarze Spitzen an älteren Blättern sind Teil des Alterungsprozesses. Wenn junge Blätter schwarze Spitzen haben, sind die Ursachen höchstwahrscheinlich Übergießen oder zu niedrige Nachttemperaturen.

Abhilfe Manchmal lässt sich die Ausbreitung stoppen, indem man den betroffenen Blattbereich wegschneidet. Prüfen Sie die Wurzeln, um festzustellen, ob die Pflanze zu nass stand. Topfen Sie um, wenn nötig, oder passen Sie die Temperaturen an die empfohlenen Werte an. Wenn ein Pilz die Flecken verursacht, kann ein Fungizid (Pilzmittel) aus dem Fachhandel helfen. Entfernen Sie abgefallene Blätter unverzüglich, um weiteren Infektionen vorzubeugen.

Sonnenbrand

Beschreibung Ziemlich große schwarze oder schwarzrandige Blattflecken können Sonnenbrand anzeigen. Die Blätter mancher *Odontoglossum*-Hybriden verfärben sich rot.

Ursachen Längere direkte Sonneneinstrahlung – weniger als eine Stunde reicht bereits aus – kann auf Blattpartien schwarze Verbrennungsflecken hervorrufen. Eine leichte Rotfärbung an Odontoglossen ist akzeptabel, aber wenn sie zu viel Sonne abbekommen, leiden die Blätter und werden vorzeitig abgeworfen.

Abhilfe Verbrennungsflecken sind bleibende Schäden. Beugen Sie vor, indem Sie die Pflanzen vor direkter Sonneneinstrahlung schützen; insbesondere im Frühling, wenn die Orchideen noch im Winterquartier stehen und die Sonne bereits Kraft hat.

Fäulnis an Pseudobulben

Beschreibung Fäulnis an Pseudobulben kann trocken oder nass sein. Wenn ältere Pseudobulben welk und braun werden, handelt es sich um ein natürliches Absterben. Werden jedoch jüngere Pseudobulben braun und feucht, liegt Fäulnis vor. Sie beginnt an der Basis einer Pseudobulbe und breitet sich über die Pflanze aus. Cattleyen und Miltoniopsis sind besonders empfindlich.

Ursachen Fäulnis an jungen Pseudobulben tritt auf, wenn zu viel gegossen wird oder die Pflanze lange zu nass steht. Auch Gießwasser, das sich über längere Zeit zwischen den Blättern ansammelt, kann zu Fäulnis an Jungtrieben führen.

Abhilfe Schneiden Sie betroffene Pseudobulben weg, um eine Ausbreitung zu verhindern. Zertrennen Sie dabei das Rhizom, um den gesamten kranken Teil der Pflanze zu entfernen, und tauchen Sie den gesunden Teil in eine Pilzmittellösung. Lassen Sie die Pflanze komplett abtrocknen, bevor Sie sie in einen kleineren Topf setzen. Behandeln Sie nasse Fäulnis an Blättern durch Bestäuben der Befallsstellen mit Schwefelpulver.

Viruskrankheiten

Beschreibung Viruskrankheiten äußern sich oft an jungen Blättern: in Form von weißen Streifen parallel zu den Adern, mosaikartiger Scheckung oder Ringflecken. An breitblättrigen Orchideen wie Phalaenopsis und Cattleyen können Viren schwarzbraune, trockene Blattflecken verursachen.

Werden die Blätter älter, so färben sich befallene Partien oft komplett schwarz. Der Grund hierfür sind weitere Infektionsherde in den toten Zellen. Die schwärzlichen Bereiche sind häufig das erste Anzeichen für die Zerstörung der Blattzellen durch das Virus, das in der Lage ist, sich innerhalb kurzer Zeit über die ganze Pflanze auszubreiten.

Ursachen Viren können durch saugende Schädlinge wie Blattläuse übertragen werden sowie über unsauberes Schnittwerkzeug und Pflanzgefäße. Vorbeugend sind deshalb Schädlingsbekämpfung und Hygiene sehr wichtig. Bereits geschwächte Pflanzen werden zudem leichter geschädigt.

Abhilfe Bei Befall hilft nur ein sofortiges Entfernen kranker Pflanzen, um weiteren Infektionen vorzubeugen.

Gelbe Blätter

Beschreibung Von Zeit zu Zeit färben sich die ältesten Blätter einer Pflanze gelb und fallen ab. Das ist ein natürlicher Vorgang. Wenn aber alle Blätter gelblich werden, kann es an Stickstoffmangel liegen.

Ursachen Ein Mangel an diesem wichtigen Pflanzennährstoff kann auftreten, wenn das Substrat alt und verbraucht ist, oder wenn während der Wachstumsphase zu wenig gedüngt wird.

Auch zu viel Licht bzw. Sonne ist möglicherweise die Ursache für eine Gelbfärbung der Blätter. Dies kommt drinnen seltener vor, sondern eher in Gewächshäusern mit ungenügender Beschattung. Cymbidien, die im Sommer nach draußen gestellt werden, können sich an zu sonnigen Plätzen ebenfalls gelb verfärben.

Abhilfe Topfen Sie in frisches Substrat um, wenn nötig. Warten Sie, bis die Pflanze ihr neues Wurzelsystem ausgebildet hat, bevor Sie ihr regelmäßig bei jeder zweiten oder dritten Wassergabe stickstoffhaltigen Dünger verabreichen. Bis sich die neuen Wurzeln entwickelt haben, versorgen Sie die Pflanze alle zwei Wochen mit geeignetem Blattdünger, der fein über das Laub versprüht wird. So erhalten die Blätter wieder ein gesundes Grün.

Schädlingsbekämpfung

Die meisten Schädlinge an Orchideen saugen Pflanzensaft, manche nagen aber auch an Blättern und Wurzeln. Oft werden die kleinen Tiere erst entdeckt, wenn sie bereits größere Kolonien gebildet haben.

Häufig stellt man einen Befall erst fest, wenn Schäden auftreten. Saugende Schädlinge sind zudem gefährlich, weil sie Viren und andere Krankheiten von Pflanze zu Pflanze übertragen können. Alle hier genannten saugenden Schädlinge lassen sich mit Alkohol bzw. Brennspiritus bekämpfen; dies muss jedoch konsequent geschehen, damit sämtliche Generationen abgetötet werden. Oft befinden sich

Wollläuse

Wollläuse sind etwa 3 mm kleine, ovale Insekten mit zwei langen Schwanzfäden. Ihr ganzer Körper ist von einem weichen, mehlweißen Gespinst überzogen. Sie sind ungeflügelt und bewegen sich kriechend fort. Wolläuse ernähren sich von Saft aus allen Pflanzenteilen und verursachen dadurch Kümmerwuchs und gelbe Blätter. Sie treten einzeln oder in Gruppen auf; wenn Sie eine entdecken, findet sich oft in der Nähe eine ganze Kolonie. Kontrollieren Sie alle Pflanzenteile, auch die Blüten, besonders bei Phalaenopsis. Wollläuse verstecken sich und ihre Eier oft an den Blattunterseiten und in den Blattachseln.

Abhilfe Beseitigen Sie Wollläuse an Blüten, indem Sie sie mit einem in Alkohol getauchten Wattestäbchen oder kleinen Pinsel betupfen. Nicht blühende Pflanzen können Sie mit Schmierseifenlösung spritzen.

Schildläuse

Schildläuse sind nach ihrem festen Schild benannt, unter dem sich die Weibchen verstecken. Die nur 2 mm großen Schilde sind bräunlich oder gelb gefärbt. Die Weibchen legen unter dem Schild ihre Eier. Junge Tiere sind beweglich und können weitere Pflanzen befallen. Die älteren bleiben unter ihrem Schild sitzen – für gewöhnlich an den Blattunterseiten – und verursachen kleine gelbe Blattflecken. Bei starkem Befall können sich die Blätter verformen oder welken. Manche Schildläuse scheiden klebrigen Honigtau aus, auf dem sich schwarze Rußtaupilze ansiedeln.

Halten Sie Ausschau nach diesen Schädlingen, besonders bei Cattleyen, bei denen sie sich hinter Hüllblättern der Pseudobulben verstecken und braune Flecken hervorrufen. Sie können, dicht an dicht sitzend, große Kolonien bilden.

Abhilfe Befallene Pflanzen sollten sofort isoliert werden. Schildläuse lassen sich mit einer Zahnbürste, die man vorher in Alkohol eintaucht, abbürsten. Um versteckte Schildläuse an Cattleyen zu finden, entfernen Sie vorsichtig vertrocknete Hüllblätter, die die Pseudobulben und Rhizome bedecken.

Rote Spinnmilben

Diese orange gefärbten Tiere sind winzig; etwa halb so groß wie ein Stecknadelkopf. Sie und ihre feinen Gespinste sind oft nur mit einer Lupe zu erkennen. Begutachten Sie die Blattunterseiten, besonders von Cymbidien. Oder Sie fahren mit einem weißen Papiertuch über die Blattunterseiten; abgewischte Milben sind auf dem Papier leichter zu erkennen.

Durch das Aussaugen der Zellen entstehen auf Blättern oft größere silbrig weiße Partien; das ist oft das erste Anzeichen für einen Spinnmilbenbefall. Mit der Zeit werden diese Bereiche schwarz, und die geschädigten Blätter können sich nicht mehr erholen.

Abhilfe Entfernen Sie stark geschädigte Blätter, und wischen Sie von den anderen Milben und Gespinste gründlich ab. Hitze und trockene, stehende Luft fördern die Spinnmilben; durch höhere Luftfeuchtigkeit und mehr Luftbewegung lässt sich vorbeugen.

ausgewachsene und junge Insekten sowie Eier an der Pflanze, sodass Sie die Behandlung mehrmals wiederholen müssen. Ziehen Sie Wegwerfhandschuhe an, tauchen Sie ein weiches Papiertuch in den Alkohol, und wischen Sie die Pflanze damit ab.

Es gibt verschiedene chemische Insektenmittel (Insektizide) zu kaufen, darunter systemische Präparate. In der Wohnung sollten Sie chemische Mittel jedoch nur einsetzen, wenn sanftere Methoden versagt haben. Zu diesen zählen pflanzliche Ölpräparate und Insektenfallen wie Gelbsticker. Stellen Sie bei der Anwendung chemischer Mittel die Pflanze ins Freie, in eine Garage oder einen Schuppen. Gehen Sie mit chemischen Mitteln besonders sorgsam um, und beachten Sie genau die Gebrauchsanweisungen und -vorschriften des Herstellers.

Blattläuse

Blattläuse sind Insekten, die sich langsam fortbewegen und durch rasche Vermehrung große Kolonien bilden. Sie können junge Triebe und Knospen schwer schädigen, Blätter werden gelb und verkrüppeln. In größerer Zahl sind sie leicht zu erkennen. Blattläuse scheiden tropfenweise Honigtau aus, eine süße Flüssigkeit, die Ameisen anzieht; die Anwesenheit von Ameisen kann deshalb auch auf Blattlausbefall aufmerksam machen. Auf dem Honigtau wächst oft ein schwarzer Belag von Rußtaupilzen.

Abhilfe Blattläuse lassen sich gut abwaschen, man kann dazu die Pflanze in einen Eimer mit Wasser stellen. Spülen Sie die Pflanze ab, und schütteln Sie dabei leicht die befallenen Teile.

Honigtau sollte man mit einem weichen Tuch entfernen. Vom Honigtau angezogene Ameisen schaden kaum, außer wenn sie sich im Substrat einnisten. Falls das geschieht, stellen Sie den Topf einige Zeit in Wasser.

Trauermücken und Springschwänze

Diese winzigen Insekten können bei massivem Auftreten gefährlich werden. Trauermücken legen ihre Eier ins Substrat. Ihre Larven leben von Zerfallsstoffen und beschleunigen den Substratabbau, fressen aber bei starkem Befall auch an Wurzeln. Ebenso verhält es sich mit Springschwänzen, ungeflügelten Insekten, die an der Substratoberfläche leben.

Abhilfe Trauermücken können mit klebrigen Gelbstickern, die man in den Topf steckt, oder aufgehängten Gelbtafeln abgefangen werden.

Von Springschwänzen geplagte Pflanzen sollte man etwas trockener halten und bald umtopfen. Bei starkem Befall kann man den Wurzelballen einige Zeit in Wasser tauchen und die aufgeschwemmten Tiere abgießen.

Schnecken

Diese verbreiteten Schädlinge sind leicht zu erkennen und nicht zu unterschätzen, insbesondere wenn Orchideen draußen stehen. Schnecken können viel Schaden anrichten, indem sie Blütenstiele zerfressen oder Löcher in Pseudobulben nagen. Es gibt keinen Pflanzenteil, den sie verschmähen. Da sie vor allem nachts aktiv sind, spürt man sie am besten im Dunkeln mit einer Taschenlampe auf, mit der man die Hüllblätter durchleuchten kann, unter denen sie sich gern verstecken.

Abhilfe Wenn Sie keine giftigen Schneckenköder verwenden möchten, legen Sie auf dem Substrat Kartoffel- oder Apfelstücke aus, um die Schnecken zu fangen. Besonders kleine Gehäuseschnecken lassen sich damit gut erwischen. Sehen Sie jeden Morgen unter den Kartoffel- und Apfelstücken nach, um die Schnecken abzulesen und zu entfernen.

Das richtige Wasser

Wenn wir unsere Pflanzen gießen, gehen wir davon aus, dass wir ihnen genau das geben, was sie brauchen – doch das ist nicht immer der Fall.

Die meisten kultivierten Orchideen stammen von Epiphyten ab. In der Natur wachsen sie auf Bäumen und kommen nie mit dem Boden in Berührung. Stattdessen beziehen sie das lebensspendende Nass ausschließlich in Form von Regen.

In Nebelwäldern, wo es weniger regnet, profitieren die Orchideen von der hohen Luftfeuchtigkeit und den wasserhaltigen Wolken, die die Pflanzen jeden Morgen in dicken Tau einhüllen. Auf Bäumen wachsende Orchideen, ob in Regen- oder Nebelwäldern, speichern Wasser in ihren Pseudobulben, oft auch in dicken, sukkulenten Blättern und Wurzeln. So überstehen sie Trockenperioden.

Früher setzten die Orchideenhalter ihre Pflanzen in *Sphagnum*-Moos, das in sehr sauren Mooren wächst. Diese Vorgehensweise wird allerdings schon lange nicht mehr praktiziert – vor allem aus ökologischen Gründen. Heute greift man eher auf wissenschaftliche Methoden zurück, um die optimale Wasseraufnahme der Orchideen sicherzustellen.

Bei der Orchideenhaltung ist Wasser nicht gleich Wasser, denn es eignet sich nicht jedes Nass. Regenwasser, das in einer Tonne gesammelt wurde, ist ideal. Doch in Stadt- und Hochhäusern oder sehr regenarmen Regionen lässt sich Regenwasser schwer beschaffen.

Direkt aus dem Wasserhahn?

Leitungswasser ist nicht gleich Leitungswasser. Die Wasserversorger gewährleisten einen guten Standard für den menschlichen Gebrauch, aber der eignet sich nicht zwangsläufig auch für Orchideen!

Ein Großteil unseres Leitungswassers wird aus Grundwasser gewonnen, das sich in tieferen Bodenschichten angesammelt hat und viele Mineralsalze enthält. Die Menge und Zusammensetzung dieser Salze kann je nach Boden und Untergrundgestein variieren. Der Messwert für den Salzgehalt ist die Wasserhärte, angegeben in „°dH" (deutsche Härtegrade). Bei hohem Salzgehalt ab 15 °dH spricht man von hartem Wasser. Dies vertragen Orchideen auf Dauer schlecht, weiches Wasser

WASSER ENTHÄRTEN

Wenn Sie kein weiches Wasser haben, können Sie kleinere Mengen auf einfache Weise selbst enthärten.

Geben Sie das Wasser in einen Eimer oder in eine Wanne. Dann füllen Sie einen Nylonstrumpf oder ein Plastiknetz mit Torf. Hängen Sie dieses Netz einige Tage in das Wasser – auf diese Weise steigt sein Säuregehalt deutlich (niedriger pH-Wert) und das Wasser wird somit weicher.

Neben einem Wasserfall in eine Felsspalte geschmiegt, gedeiht diese *Dendrobium*-Hybride hervorragend.

unter 8 °dH hingegen ist für sie ideal. Die Wasserhärte Ihres Leitungswassers können Sie beim regionalen Wasserversorger erfragen. Eine weitere Kenngröße, die sich auf den Kalkgehalt des Wassers bezieht, ist der pH-Wert. Der sollte für Orchideen zwischen 5,5 und 6,5 liegen.

Wege zu weichem Wasser

Das bereits erwähnte Regenwasser ist weich. Doch woher weiches Wasser nehmen, wenn man Regen nicht in Tonnen sammeln kann? Abgepacktes Wasser aus dem Supermarkt mag als gute Lösung erscheinen, aber auch hier gibt es Unterschiede. Jeder Hersteller behauptet, seines wäre das beste, da es alle Arten gesunder Minerale enthalte; doch auch diese Minerale können sich als für Ihre Pflanzen nachteilig erweisen.

Doch es gibt noch andere Wege an weiches Wasser zu gelangen. Bereits durch Abkochen des Leitungswassers lässt sich ein größerer Teil der Beimengungen abtrennen.

Im Handel werden darüber hinaus verschiedene Wasserenthärter angeboten. Manche fügen dem Wasser Chemikalien zu, die die Orchideen eventuell schädigen. Am besten sind Wasserenthärter, die nach dem sogenannten Umkehrosmoseprinzip funktionieren. Sie arbeiten ganz ohne Chemikalien, und es lassen sich mit ihrer Hilfe große Mengen an Wasser so enthärten, dass es Orchideen auch gut bekommt.

Orchideen richtig gießen

Weiches Wasser ist für Ihre Orchideen entscheidend – ebenso die Wassertemperatur und die Art und Weise, wie Sie bewässern.

Die Wassertemperatur sollte der Umgebungstemperatur der Orchidee entsprechen. Kaltes Wasser aus der Leitung oder einem kühl stehenden Tank kann die Pflanze verkühlen und das Wachstum verlangsamen. Lassen Sie kaltes Wasser vor der Verwendung erst Zimmertemperatur annehmen.

Wenn nur wenig weiches Wasser zur Verfügung steht, will man es möglichst sparsam nutzen. Eine Möglichkeit besteht darin, die Töpfe einzutauchen, statt direkt ins Substrat zu gießen. So lässt sich das Wasser mehrmals verwenden. Das hat aber auch Risiken. Auf diese Weise kann beispielsweise ein Virus von den Wurzeln einer kranken Pflanze auf andere Exemplare übertragen werden.

Falls Sie Ihre Pflanze ein- oder zweimal mit hartem Leitungswasser gießen, wird sie das nicht gleich schädigen. Bei ständiger Verwendung jedoch verändert sich das Substrat allmählich, bis es schließlich für die Pflanzenwurzeln ungeeignet ist. In diesem Fall müssen Sie Ihre Pflanzen jährlich umtopfen.

Mit Tau bedeckt, ist diese Brassie, die hoch im Nebelwald wächst, gut mit Wasser versorgt.

Wassermangel

Wenn Orchideen wachsen, brauchen sie konstante Feuchtigkeit; sowohl totale Trockenheit als auch Vernässung sind zu vermeiden. Leider fällt man leicht von einem Extrem ins andere, wenn man etwa aus lauter Angst, die Pflanze zu vernässen, viel zu wenig gießt. Während ihrer Ruhezeit können Orchideen mehrere Wochen fast völlig trocken stehen, in der Wachstumsphase jedoch muss der Wurzelbereich feucht sein.

Eine zu wenig gegossene Pflanze ist beim Anheben leicht, hat „schrumpelige" Pseudobulben oder – insbesondere bei Phalaenopsis und Vanda – schlaffe oder zerknitterte Blätter. Stellen Sie den Topf in diesem Fall für etwa eine halbe Stunde bis zum Rand in Wasser, und übersprühen Sie danach die Blätter und Luftwurzeln mehrmals täglich, bis sich die Pflanze erholt hat. Fühlt sich die Pflanze wieder leicht an, gießen Sie sie normal. Besprühen und gießen Sie weiterhin, bis Pseudobulben und Blätter wieder prall sind.

Die Gefahr eines Wassermangels besteht auch, wenn die Pflanze zu lange nicht umgetopft wurde. Da im Topf zu wenig Platz ist, dringt das Wasser kaum zu allen Wurzeln durch, sondern läuft zum Großteil an der Oberfläche ab. Tauchen Sie in diesem Fall die Pflanze häufiger ein, bis schließlich der Zeitpunkt zum Umtopfen gekommen ist. Pflanzen, die Wassermangel hatten, wachsen langsam; sie müssen erst ihre Feuchtigkeitsreserven erneuern, bevor sie normal wachsen.

Tauchen Sie Orchideen auf Rinde öfter mit den Wurzeln in Wasser, damit sie sich ausreichend vollsaugen.

Besprühen Sie Orchideen auf Rinde täglich. So bleibt die Pflanze frisch, und Luftwurzeln wachsen gut.

DÜNGER HINZUFÜGEN

Da Orchideensubstrat wenig – oder im Fall von Steinwolle gar keine – Nährstoffe enthält, sollten Sie dem Gießwasser gelegentlich flüssigen Orchideendünger beifügen. (Näheres hierzu finden Sie in den einzelnen Orchideenbeschreibungen.)

Tauchen Sie Orchideen in Töpfen mit dem unteren Topfteil kurz in Wasser.

Gießen Sie vorsichtig, sodass kein Wasser in das Herz der Triebe gelangt.

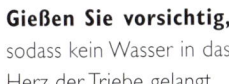

Vernässung

Bei Vernässung ist das Substrat um die Wurzeln längere Zeit komplett wassergesättigt – mit der Folge, dass die Wurzeln faulen. Als erstes Anzeichen welken oft die Pseudobulben, doch anders als bei Wassermangel ist die Pflanze beim Anheben schwer. In diesem Fall welken die Pseudobulben, weil ihnen die Wurzeln nicht mehr helfen können, die verlorene Feuchtigkeit zu ersetzen.

Wenn Sie den Verdacht haben, dass die Pflanze unter Vernässung leidet, nehmen Sie sie aus dem Topf, um die Wurzeln zu prüfen. Betroffene Wurzeln sind schwärzlich und abgestorben, oft auch sehr nass, wie auch das Substrat. Lassen Sie den Wurzelballen zunächst abtrocknen, entfernen Sie dann blattlose Pseudobulben, und schneiden Sie alle toten Wurzeln weg. Setzen Sie die Pflanze in einen möglichst kleinen Topf mit frischem Rindensubstrat. Selbst wenn die Pflanze überlebt, dauert es unter Umständen mehrere Jahre, bis sie sich erholt.

Glossar

Art
In der botanischen Gliederung des Pflanzenreichs bestimmte, von anderen deutlich unterscheidbare Pflanze. Die Individuen einer Art stimmen in allen wesentlichen Merkmalen überein und können sich in der Regel problemlos gegenseitig bestäuben. Arten haben einen zweiteiligen botanischen Namen, z. B. *Paphiopedilum insigne*.

Auge
Junge Knospe bzw. Knoten, der austreiben kann; meist „schlafend", d.h. daraus wächst nur bei Bedarf (etwa, wenn der Haupttrieb verletzt wird) ein Trieb oder Blütenstiel.

Bifoliat
Fachbegriff für Orchideen der *Cattleya*-Gruppe, deren Pseudobulben zwei Blätter entspringen

Blähton
Durch Brennen bei hohen Temperaturen aufgeblähte Tonkügelchen. Sie eignen sich gut für die Wasserspeicherung und -ableitung im Topf.

Blattdünger
In Wasser löslicher Flüssigdünger, der auf die Blätter gesprüht wird

Bulbe
Auch Bulbille genannt; kleine Zwiebel, die gewöhnlich an der Spitze von Pseudobulben entsteht, am häufigsten bei Pleionen

Epiphyt
Pflanze, die in der Natur auf Bäumen wächst, aber ihre Trägerpflanzen nicht durch Saugen von Nährstoffen schädigt

Erdorchidee
Orchidee, die im Boden oder in einer verrottenden Falllaubschicht auf dem Boden wurzelt

Flüssigdünger
Ein Dünger, der in Wasser aufgelöst und mit der Gießkanne ausgebracht wird

Gattung
In der botanischen Gliederung des Pflanzenreichs eine Gruppe von Arten mit diversen wichtigen gemeinsamen Merkmalen; z. B. *Phalaenopsis*, *Cymbidium*, *Dendrobium*

Gattungshybride
Pflanze, die aus zwei oder mehr verschiedenen Gattungen gekreuzt wurde. Vor dem Namen der neu entstandenen Pflanze steht ein Kreuz, z. B. x *Odontioda*

Herz
Zentrum mehrerer Triebe oder Blätter, die an derselben Stelle an der Pflanzenbasis entspringen

Hybride
Pflanze, die durch Kreuzung zweier oder mehrerer unterschiedlicher Elternpflanzen entstanden ist. Hybriden können das Erbgut verschiedener Arten, Sorten oder Gattungen in sich vereinen.

Kelchblatt
Fachsprachlich: Sepale. Blütenblatt im äußeren Kreis einer Blüte, das bei vielen Pflanzen grün und Teil des „Kelches" um die Kronblätter ist. Orchideen besitzen drei Kelchblätter.

Kindel
Tochterpflanze, die mitsamt eigenen Wurzeln an oder auf der Mutterpflanze heranwächst und zur Vermehrung einfach abgetrennt wird

Klon
Durch Meristemkultur oder andere samenlose Vermehrung gewonnene Pflanze, die mit der Mutterpflanze identisch ist

Knoten
Verdickung an einem Trieb bzw. Stängel, aus der Knospen oder neue Blätter wachsen

Kronblatt
Fachsprachlich: Petale. Blütenblatt im inneren Kreis einer Blüte, das bei den meisten Pflanzen bunt oder weiß gefärbt ist. Alle Orchideen haben drei Kronblätter, das mittlere ist in eine Lippe umgewandelt.

Lippe
Fachsprachlich: Labellum. Besonders ausgebildetes Blütenblatt, das durch Umwandlung eines Kronblatts entstanden ist

Lithophyt
Pflanze, die auf Steinen, Felsen oder in Felsspalten wächst, ohne in Erde zu wurzeln

Luftwurzel
Wurzel, die außerhalb des Substrats wächst und Feuchtigkeit aus der Luft aufnimmt

Meristemkultur
Vermehrungsmethode, bei der in Laboren Jungpflanzen in großer Zahl gewonnen werden

Monopodial
Bezeichnet die Wuchsform von Orchideen mit nur einem Haupttrieb bzw. Stängel, an dessen Spitze neue Blätter entstehen

Multihybride
Gattungshybride, die aus mehr als zwei Gattungen gekreuzt wurde

Narbe
Gehört zum weiblichen Teil der Blüte und nimmt bei der Bestäubung die Pollen auf; bei den Orchideen eine kleine klebrige Vertiefung unter der Säule

Perlite
Material, das in Form kleiner Kügelchen dem Substrat untergemischt wird und dessen Durchlässigkeit und Belüftung verbessert

Pollinie
Kleines „Paket" aus miteinander verklebten Pollenkörnern; typisch für alle Orchideen

Pseudobulbe
Verdickter Spross, der Wasser und Nährstoffe speichert. Es handelt sich nicht um eine echte Bulbe (Zwiebel); daher die Bezeichnung Pseudo- oder Scheinbulbe.

Rhizom
Horizontal und oft unterirdisch wachsender, verdickter Spross, aus dem neue Pseudobulben wachsen

Rindensubstrat
Wuchsmedium aus Rindenstücken, die aus der Forstwirtschaft bzw. Holzverarbeitung stammen

Rückbulbe
Alte, gewöhnlich blattlose Pseudobulbe

Saftmal
Auffällige Markierung auf der Blüte, die bestäubende Insekten zum Zentrum der Blüte führt

Säule
Fachsprachlich: Gynostemium. Ein fingerartiges Gebilde im Zentrum der Orchideenblüte, das die Vermehrungsorgane enthält

Sorte
Spezielle Züchtung, die sich von anderen Sorten derselben Pflanze durch Blütenfarbe und -form oder Wuchsform unterscheidet

Substrat
Der Pflanzstoff im Topf, also das Medium, in dem die Pflanze ihre Wurzeln verankert und dem sie Wasser und Nährstoffe entnimmt. Man spricht auch von „Erde", doch die meisten Orchideen wachsen nicht in echter Erde.

Sympodial
Bezeichnet die Wuchsform von Orchideen, die aus der Basis von Pseudobulben oder aus dem Rhizom immer wieder neue Triebe bilden

Terrestrisch
Bezeichnet die Lebensform von Orchideen, die im Boden oder in einer verrottenden Falllaubschicht auf dem Boden wurzeln

Unifoliat
Fachbegriff für Orchideen der *Cattleya*-Gruppe, deren Pseudobulben nur ein Blatt entspringt

Hilfreiche Adressen

Orchideengesellschaften und -vereine

Deutschland

- Deutsche Orchideen-Gesellschaft e.V.
  Flößweg 11
  33758 Schloß Holte-Stukenbrock
  Tel. 05207/920607
  (mit bundesweiten Regionalgruppen)
  www.orchidee.de

- Vereinigung Deutscher Orchideen-freunde e.V.
  Mittel-Carthausen 2
  58553 Halver
  Tel. 02353/137119
  (mit bundesweiten Regionalgruppen und Arbeitskreisen)
  www.orchideen-journal.de

Österreich

- Österreichische Orchideengesellschaft
  p.A. Erika Tabojer
  Birkengasse 3
  2601 Sollenau
  Tel. 02628/47209
  (mit Landesgruppen in Wien, Ober-österreich und Kärnten)
  www.orchideen.at

Schweiz

- Schweizerische Orchideen-Gesellschaft
  Postfach
  5000 Aarau
  (mit landesweiten Regionalvereinen)
  www.orchideen.ch

Bezugsquellen (Auswahl)

Deutschland

- Großräschener Orchideen
  W.-Seelenbinder-Str. 21
  01983 Großräschen
  Tel. 035753/5791
  www.orchideenwlodarczyk.de

- Orchideen Wichmann
  Tannholzweg 1-3
  29229 Celle
  Tel: 05141/93720
  www.orchideen-wichmann.de

- Röllke Orchideenzucht
  Flößweg 11
  33758 Schloß Holte-Stukenbrock
  Tel. 05207/920 539
  www.roellke-orchideen.de

- Schwerter Orchideenzucht
  Bergstr. 8
  58239 Schwerte
  Tel: 02304/942500
  www.schwerter-orchideenzucht.de

- Speyerer Orchideenzucht Nothhelfer
  Gottfried-Renn-Weg 4
  67346 Speyer
  Tel. 06232/758 80
  www.orchideen-nothhelfer.de

- Orchideen Kopf
  Hindenburgstrasse 15
  94469 Deggendorf
  Tel. 0991/371510
  www.orchideen-kopf.de

Österreich

- Gärtnerei Karl Zinterhof
  Wassergasse 12
  3443 Sieghartskirchen
  Tel. 02274/2269
  www.zinterhof-orchideen.at

- Orchideen-Gärtnerei August Müller -
  Gänslestrasse 8a
  6890 Lustenau
  Tel. 05577/83273

Schweiz

- Weber Orchideen GmbH
  Hofstettenstr. 40
  4107 Ettingen BL
  Tel. 061/7312222
  www.weberorchideen.ch

- Orchideen-Zentrum Feustle
  Im Kläffler 9
  8370 Sirnach
  Tel. 071/9661980
  www.orchideen-zentrum.ch

Register

Das Register umfasst Hinweise auf Text- und Bildseiten.
Kursive Seitenzahlen verweisen auf Abbildungen.

Abbildungsnachweis und Danksagung

Abbildungsnachweis

Abkürzungen:

o. = oben; M. = Mitte; u. = unten; r. = rechts; l. = links

Alle Abbildungen stammen von Derek Cranch, mit Ausnahme der folgenden:

S. 7 u. l. Red Cover/Linda Burgess; S. 8–9 The Garden Picture Library/Pernilla Bergdahl; S. 14 Robert Jacobs/Orchidarum Inc.; S. 16 The Garden Picture Library/Pernilla Bergdahl; S. 20 o. r. The Garden Picture Library/Friedrich Strauss; S. 20 u. r. Gerald Cubitt; S. 25 o. The Garden Picture Library/Friedrich Strauss; S. 40 Gerald Cubitt; S. 43 u. l. The Garden Picture Library/Lynne Brotchie; S. 58 The Garden Picture Library/Pernilla Bergdahl; S. 74 o. r. The Garden Picture Library/Friedrich Strauss; S. 74 u. r. Nature Picture Library/Tim Shepherd; S. 77 The Garden Picture Library/Friedrich Strauss; S. 79 r. The Garden Picture Library/Linda Burgess; S. 90 Ian Armitage; S. 100 OSF; S. 108 o. r. The Garden Picture Library/Pernilla Bergdahl; S. 108 u. r. OSF/Caroline Brett; S. 124 o. r. The Garden Picture Library/Pernilla Bergdahl; S. 124 u. r. Gerald Cubitt; S. 145 Gerald Cubitt; S. 148 The Garden Picture Library/Pernilla Bergdahl; S. 164–165 Red Cover/Linda Burgess; S. 166 u. r. The Garden Picture Library/Pernilla Bergdahl; S. 172 o. r. Red Cover/Graham Atkins-Hughes; S. 172 u. Red Cover/Andreas von Einsiedel; S. 173 The Garden Picture Library/Pernilla Bergdahl; S. 178–179 Gerald Cubitt; S. 183 Nature Picture Library/Bengt Lundberg; S. 184 OSF/Michael Fogden

Umschlagrückseite, im Uhrzeigersinn: The Garden Picture Library, Pernilla Bergdahl, 5

Danksagung

Der Verlag möchte folgenden Personen für ihre Unterstützung bei der Vorbereitung dieses Buchs danken: Nick Armitage, John Craven, Sara Rittershausen sowie den Mitarbeitern der Burnham Nurseries.

Besonderer Dank geht an Lombok (www.lombok.co.uk) für das Verleihen der Töpfe, die auf den Seiten 17, 41, 75, 101, 125 und 137 gezeigt werden, sowie an Birgit Blitz für die auf den Seiten 59 und 109 abgebildeten Töpfe.